寝不足でも結果を出す全技法

精神科医・医学博士
西多昌規

はじめに

「もう朝か……。夕べも遅かったたし、全然寝足りないな……」

「だめだ、頭が重くて何も考えられない。あまり寝てないせいだ……」

忙しく働く日々のなかで、こんな風に思ったことは、この本を手にとった読者なら一度や二度ではないのではないでしょうか。

毎日、朝早くに出社することが義務とされ、わずか1分の遅刻も許されないビジネスパーソンにとっては、寝不足になることはもはや避けがたく、日常茶飯事です。

・日中眠くてしかたがない

・考えがまとまらない

・些細なことでイライラする

といった寝不足に特有の症状は、ほとんどの人が経験していると思います。朝の通勤電車や職場でも、ボーッとした人や不機嫌そうな人をたくさん見かけます。

日本人は、世界でも群を抜いて睡眠時間の短い国民です。２０１４年に発表された経済協力開発機構（ＯＥＣＤ）の調査では、日本人男性の睡眠時間は加盟国中で下から3番目、女性にいたっては最下位の短かさです。しかも、この50年間で日本人の睡眠時間はどんどん減っています。NHK放送文化研究所が5年に1度行っている生活調査では、調査を始めた1960年に比べて、2015年時点で約1時間も減っています。

食事や運動と同じように睡眠が大切であることは、もはや一般的に知られている常識となりつつあります。**睡眠時間が短い人は、高血圧や糖尿病など生活習慣病やガンになるリスクが高いこと**も研究によって明らかにされています。したがって医師や睡眠医学の研究者も、口をそろえて「ちゃんと寝ましょう」「7〜8時間がちょうどいい睡眠時間です」とコメントします。

しかし、冒頭で述べたように日常的に陥りがちな寝不足はもちろんのこと、人生においてどこかで、睡眠時間を多少削ってでも自分のやりたいことに打ち込んで勝負を賭けなければならないときというのは、必ずあるのではないでしょうか。若いころは特にそうですが、**人生の大切な勝負どきに「睡眠時間を削ってまではやれない」などと言っていると、つかめたはずのチャンスも逃してしまう可能性は少なくないでしょう。**

また、寝不足と戦わなければならないのは、なにもビジネスパーソンばかりではありません。

たとえば、赤ちゃんが生まれたばかりのお母さんとお父さん。赤ちゃんの夜泣きに付き合いながら、家事と仕事を両立させなければなりません。お年寄りの介護をする人が抱える寝不足の問題も、今後さらに増えてくるでしょう。

そこで、**この本ではあえて寝不足も必要悪と捉えたうえで、寝不足でも極力健康を害さず、ハイパフォーマンスを発揮するための方法を提案することに挑戦しました。**寝不足になりがちな日本社会の構造を根本から変えていくのは夢のまた夢です。であるならば、**寝不足に目を背けず、それに打ち克つための秘訣を考えるのが、現実に向き合う一番の方法**ではないでしょうか。

ただし、強調しておきたいのは、コツさえつかめば「永遠に寝不足に強くなれる」わけではないということ。あくまで、勝負どきのカンフル剤、応急処置だと考えてください。この本は決して、短眠推奨本ではないということです。

この本を読み終える前と後とでは、寝不足のときのパフォーマンスが大きく変わってくるはずです。**現代社会を生き抜くための武器**とも言える「寝不足対策」をマスターすることで、読者ひとりひとりがそれぞれの仕事を大きく前進させることを願っています。

目次

Program 2　寝不足難民必修の寝不足対策

瞬時にパフォーマンスを回復する最大効果の仮眠術　045

Program 4　非常事態の乗り切り方

寝不足のあのツライ症状から抜け出すヒント　095

Program 5　本当に知っておくべきことって？

寝不足の「都市伝説」を科学的に検証！ 113

Program 1

時間帯ごとにベストパフォーマンスを生み出す

寝不足の日も
仕事で結果を出す技術

ついつい寝不足になりがちな、現代の日本人。Program 1では、寝不足になりがちな一般の会社員向けの平日の過ごし方を考えてみます。勤務時間や通勤時間はそれぞれ違ってくるでしょうが、ここでは午前9時出社、午後6時退社の会社員を想定しました。そうすると、人によっては「午後6時に帰れるのなら、寝不足になどならないのでは？」と思うかもしれません。その通りですね。労働基準法では、一日の労働時間は8時間を超えてはならないとされていますが、実際には残業や夜の付き合いなどで、午後6時に退社して家に帰れる人は少ないでしょう。なかなか仕事が終わらず退社できない、家に帰るのもどうしても遅くなってしまう、こういったサラリーマンや自営業の人は、どのような心がけや習慣をとり入れたほうがいいのでしょうか。Program 1で、実際の過ごし方の例を紹介していきます。ちょっと自分とは違うという人もいるでしょうが、寝不足に対する対処法の基本は同じですので、目を通してみてください。

AM
07:00

起床したらすぐカーテンを開けて、太陽の光を体いっぱいに浴びる。

太陽光で体内時計をリセットする

人間の体内時計は、地球と同じきっちり24時間ではありません。個人差はありますが、24時間より10分から20分ほど長いことがわかっています。

寝不足気味の朝は、体内時計がまだ眠りについている状態です。本当はまだ眠っていたい脳と体を、無理にでも起こさないといけません。

体内時計をオンにして、脳も体もいち早くシャッキリさせる一番いい方法は、**朝に太陽光を浴びること**です。脳には、体内時計のマスタークロックである視交叉上核《しこうさじょうかく》というところがちょうど目の後ろ側にあり、ここが光を感知して体内時計をリセットします。

浴びる光は太陽光であることがポイントです。暗いところよりはマシとはいえ、部屋の照明程

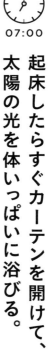

度の明るさでは人間の体内時計はなかなか目覚めません。

光の強さはルクスという単位で表されます。**部屋のなかでは電気をつけても1000〜2000ルクスですが、夏の太陽光は何と10万ルクス！** 太陽光の明るさは桁が違うのです。

朝だけではありません。日中も太陽光の入る明るいところにいるのが、寝不足を克服するコツです。窓際をキープする、たまに屋外に出るなど、日光を浴びることで寝不足によるパフォーマンスの低下を防げます。

実際、2015年にベルギーの研究グループは、**午後に30分の高照度光（太陽光と同等の明るさの光）を浴びると、ランチのあとの眠気や集中力低下が改善される**ことを示しました。しかも、30分の昼寝をしたあとと同じくらいの改善が得られました。

寝不足でもオフィス内で働かなければいけないときは、とにかく明るいところにいることです。太陽光を浴びるのがどうしても難しいときは、せめてライトをもう一つか二つぐらい置いて、デスクを思い切り明るくしてみるのも一手です。

AM 08:00

朝食は必要最小限にしつつ、レモンジュースは欠かさずに。

少量の食事で内臓の体内時計を覚醒させる

寝不足の朝は、あまり食欲がわかないものです。特に前日の夜に夕食を食べた時間が遅ければ、まだ消化も進んでいないわけですから、胃がむかついたり吐き気もしたりで、朝食を抜きたくなってくるものです。

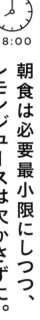

寝不足の朝でも、栄養のためにたっぷり食べなさいと言うつもりはありません。むしろ、胃や腸も休養が足りないわけですから、朝の食べ過ぎはあまりおすすめできません。ただでさえ疲れている内臓に大量の食べ物を消化させようとして無理をさせると、体調を崩してしまうことになります。

では、まったく食べないほうがいいかと言えば、答えはNO。その理由は、これも体内時計のリセットに関わっています。前項で、体内時計のマスタークロックは脳の視交叉上核だとお話ししましたが、実は胃や腸、肝臓など内臓の細胞にも、それぞれに体内時計が備わっているのです。視交叉上核をマスタークロックと言ったのは、これらの無数にある細胞の体内時計を束ねるがゆえのことです。したがって、**内臓の体内時計を目覚めさせるためには朝食を適量食べる必要があります。**

かといって、栄養満点を目指しておなかいっぱい食べると胃腸の負担になることは、さきほども述べたとおりです。特に糖分や炭水化物のとり過ぎは、血糖値の急激な上昇↓低下が生じ、かえって朝の眠気が強まってしまうことになります。

したがって、**できるだけ必要な栄養素を少量とるのが、寝不足の一日を乗り切る朝食メニューです。**シリアルやナッツ、あるいはバナナなどのフルーツがおすすめできます。ただ、気持ち悪くてそれすらも食べるのがキツいという人は、柑橘系ジュースを飲むだけでもよいでしょう。

ビタミンや糖分も含まれていますが、なにより柑橘類には脳を覚醒させる効果があります。レモンには、脳を覚醒させる効果があるので、レモンジュースは朝だけでなく、眠気がピークになる昼間にも有効です。

AM 09:00

起きてから2時間後に、ブラックコーヒーを1杯飲む。

午前中にカフェイン効果を最大限利用する

朝食のあとに1杯のコーヒーを飲む、という習慣がある人は多いのではないでしょうか。特に寝不足の朝は、楽しむためというより目覚ましのために飲むことも多いでしょう。

実際、コーヒーに含まれるカフェインには覚醒作用があります。疲れて眠くなると脳内でアデノシンという物質が増えていきますが、**カフェインはアデノシンの作用をブロックする**ので、眠くなくなり目が冴える、というわけです。

ただしカフェインには依存性があるため、飲み過ぎは体に毒です。また、多く飲み過ぎていると効果が次第に薄れてくるので、**一日に摂取できるカフェインの量は限られている**と考えてください。であるならば、その目覚まし効果は朝にこそ使うべきでしょう。

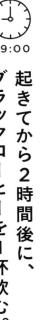

カフェインは、口に入ってから1時間以内に99%が吸収されます。そして、15分から2時間ほど経つと、血液中のカフェイン濃度が最大になります。

したがって、**カフェインの効果が続く時間は、摂取後およそ2〜4時間**と考えてよいでしょう。そうすると、午前中にカフェインの効果を持続させるためには午前9時ごろに飲むのがベストだというわけです。

反対に、午前中でも昼に近い時間に飲むのは、あまり得策ではありません。この時間にカフェインをとると、カフェインの効果が昼下がりまで持続してしまい、寝不足時の最大の「武器」である午後の仮眠を妨げてしまうからです。

コーヒーを飲むにあたって注意点が二つあります。一点目は、**空きっ腹に飲まないこと。**空腹でコーヒーを飲むと、脳神経の一つである迷走神経がカフェインで刺激され、胃酸が出やすくなります。胃になにもない状態で胃酸が出ると、胃が荒れてしまいます。

二点目は、**砂糖やクリームを入れすぎないこと。**肥満やコレステロールが高くなる危険性があることに加え、血糖値を急激に上げてしまうと、今度は急激に下がることになり、脳にも体にも負担になるからです。

AM 09:00

起きてから1～2時間後に大事な仕事を一つだけ完了させる。

目覚めて1～2時間後にパフォーマンスが最大化する

「朝はスッキリしているから、クリエイティブな仕事を」

「寝ている間に記憶が整理されているので、いいアイデアがひらめきやすい」

残念ながら、こういったノウハウが有効なのは質のいい睡眠を十分にとった翌朝の場合です。寝不足の人はそういうわけにもいきません。寝不足の朝は気持ちが悪くてボーッとしているか、逆に変に頭が冴えたようになるかで、いずれにせよ自分のベストと言える状態からは程遠いのではないでしょうか。

とはいえ、寝不足のときでも、パフォーマンスに関して一つ言えることがあります。それは、**目が覚めてから1～2時間経ったときが、一番パフォーマンスの上がる時間帯**だということです。このときに、重要な仕事を一つだけ片づけてしまいましょう。

一つだけ、と言ったのは、**十分眠ったときと比べて寝不足時はパフォーマンスの持続力がない**からです。「あれも大事」「これもやらなきゃ」と続けていると、そのうちミスを犯してしまう可能性が大きいと考えられます。

また寝不足のときは、頭の回転が普段より落ちているか、逆に間違った方向に早くなっています。その意味でも、**なるべく大事な仕事や作業にしぼって行うべき**でしょう。

そうして大事な仕事を一つだけやり終えたならば、日頃やり慣れている作業から慣らしていくことをおすすめします。退屈な単純作業では眠くてミスが逆に増えるのではないか、という心配もあるかもしれませんが、大事な仕事で大きなミスを犯すことに比べたら、毎日やっているようなルーチンワークの方が、あとからの修正が効きやすいはずです。

タフな相手との交渉や新規企画書の作成、慎重に判断したほうがいい案件など、大事な仕事をいろいろ抱えている人もいることでしょう。しかし、寝不足の状態ではすべてを片付けようとせず、普段以上に優先順位をつけて取り組んでください。**頭がクリアなうちに、どれが大事かを見極め、一つだけでもとりかかる**ことが大切です。

PM 12:00

昼食は汗をかきながら激辛のカレーを食べる。

体温を上げて仮眠に入りやすくする

眠気と戦いながら午前中を集中して乗り切ることができたら、ランチタイムでまずはほっと一休み、というところですが、その前に午後に備えておすすめしたいメニューがあります。

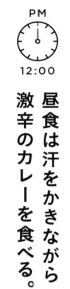

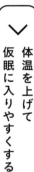

本書では、寝不足のときにパフォーマンスを落とさないための方法をいろいろとご提案していますが、それらの大前提として知っておいていただきたいのが、**隙を見つけて仮眠をとることが何よりの対策になる**ということです。眠りが足りていない状態のときに、眠る以外の工夫には自ずと限界があります。

したがって、昼食のメニューも仮眠をとるためにベストなものをおすすめしたいところ。もしどうしても仮眠をとれない場合は異なりますが、少しでも仮眠をとれるならば、カレーをはじめとしたエスニック料理のような、スパイシーで一汗かくものを食べてください。

人間は、深部体温が急に下がるときに眠くなります。赤ちゃんが眠りにつくときに皮膚がポカポカしてくるのは、熱が外に逃げて深部体温が下がっているときです。深部体温を上げることで眠りやすくなるというわけです。

深部体温を上げるためには、服を着たり毛布をかけたりと外から温める方法もありますが、食事が手っとり早いです。そこで、寝不足の胃には少々負担になるかもしれませんが、スパイシーな昼食の出番です。たとえば唐辛子に含まれるカプサイシンは、体温を上げて代謝を高める作用があります。カプサイシンでなくとも、汗が出るようなスパイシーな食事ならばＯＫです。**一汗かくと、そのあと体温が自然に下がるので、仮眠に入りやすくなります。**

反対に、寝不足のまま午後も仕事に耐えなければならないときは、正反対のことをすればよいということになります。ざるそばや冷しうどんなど冷たいものを食べるか、あるいは食後にアイスクリームや氷の入った冷たい飲み物などを飲むといいでしょう。ただ、仮眠をとるほうが健康にも仕事のパフォーマンスのうえでも効果的であることは、くどいようですが強調しておきます。

PM

02:00

15分だけ、オフィスのイスで昼寝する。

短時間の仮眠がパフォーマンスを最大化する

昼食を食べたあとは自然と眠くなってくるものですが、寝不足のときはこれに抗わず、ここで仮眠をとることをおすすめします。

お昼過ぎの眠気は、単純に食事だけが原因ではありません。人間の眠気には体内時計に由来する一定のリズムがあります。一日の中でもっとも眠気が強くなるのは夜中の午前2～4時ごろですが、**昼の午後2～4時ごろにも強い眠気がくるようになっています。**睡眠時間が十分でも、ランチのあとに眠くなるのは、このリズムのためです。

したがって、お昼過ぎのこの時間は体内時計からくる眠気と食事による眠気の二重の作用で眠気のピークがやってきますが、この**眠気のピークを利用して仮眠をとるのが、カフェインで眠気**

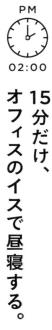

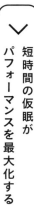

を強引に抑えようとするより、パフォーマンス向上のためには効果的であり、かつ健康的です。

アメリカでは、パワーアップをもじって「パワーナップ（ナップは昼寝の英語）」という言葉がありますが、**仮眠をとったほうが、午後のパフォーマンスが上がる**という研究結果は、これまでも数多く発表されています。グーグルなど、社員に昼寝をすすめている企業も増えてきています。

昼食の直後、それが難しければ午後4時ぐらいまでに、**オフィスやカフェのイスで15〜20分ほどの仮眠をとることができれば理想的**です。もしそんな余裕がないというのであれば、トイレやベンチで目をつぶってじっとしているだけでも、パフォーマンスを回復する効果を得ることができます。

仮眠をとるうえでの注意点は、長すぎる昼寝と、夕方以降の仮眠です。特に睡眠不足のときは、思わず長く寝てしまう危険性がありますが、長く眠ってしまうと深いノンレム睡眠に入ってしまい、そこから起きたあとはボーッとした時間が長く続いてしまうというデメリットがあります。また、あまり遅い時間に仮眠をとってしまうと、今度は夜に寝つきにくくなってしまうというデメリットもあります。

PM 03:00

夕方になる前に重要な仕事を完了させる。

仮眠で一時的に回復したドーパミンの分泌を最大限活用する

短い時間でもお昼に仮眠がとることができれば、多少は頭がスッキリしているはずです。**仮眠から目覚めたあとの時間は、午前中と同じで大切な仕事にとりかかるチャンス**。夜になるほど、疲れはどんどん強くなっていきます。

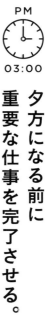

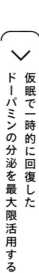

寝不足で疲れがたまってくると、仕事の精度も効率も急激に下がっていきます。これは、**意欲や注意、集中といった機能が寝不足によってダメージを受けている**ことが原因です。これらの機能を担っている神経伝達物質のドーパミンの分泌量が、睡眠不足の状態では減ってしまっているのです。

ドーパミンは、喜びを司る神経伝達物質です。喜びは、やる気の原動力となります。また、ドーパミンには脳を活性化させる働きがあり、集中力を向上させる物質としても知られています。**人間のやる気と集中力の根源であるドーパミンが、寝不足の状態では少なくなっている**のです。

仮眠によって、ドーパミンは再び正常に分泌されるようになります。したがって、**午後の仮眠から目覚めた直後は、集中して仕事をする絶好のタイミング**だというわけです。

問題は、仮眠もとれない場合。脳も体も疲れきっているため、カフェインでごまかそうとしても限界があります。重要な仕事をするやる気もなく、無理に取り組んだとしても集中力が低下している状態ではミスをしてしまう危険性もあります。

したがって**寝不足で仮眠をとることができなかった午後は、簡単な仕事を片付ける時間に充てましょう**。書類や机まわりの整理、メールの返信、といったところでしょうか。

どうしても大切な仕事を片づけなければならないというときは、オフィスの外に出て日光を浴びるとよいでしょう。職場の同僚など誰かとおしゃべりしながらであればより理想的です。日光に当たる、歩く、話すといった行為はどれも、自然な眠気解消のために役立つからです。

PM 04:00

夕方は疲れがピーク。短時間の仮眠で脳のワーキングメモリを回復させる。

寝不足時の脳の疲労は短時間仮眠で回復

夕方から夜食をとる夜にかけては、体内時計から見れば一番眠りにくい時間帯です。次の朝が早起きだからと、前の夜に普段よりも思い切り早い時間に寝ようとしたのに寝つけなかった経験はないでしょうか。

夕方から夜にかけては、深部体温がもっとも高くなる時間帯です。この時間帯は、「睡眠禁止ゾーン」という別名もあるくらいです。深部体温が下がると眠くなると書きましたが、深部体温が高いこの時間帯に眠りにくいのは自然なことなのです。寝不足でも夕方から元気になっていくという人は、このことが背景にあると考えられます。

一方で、夕方に疲れと眠気のピークが訪れるという人も多いはずです。そうなってしまう原因

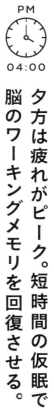

として考えられるのは、寝不足気味の人は夜型人間が多く、体内時計の刻むリズムが遅い時間にズレているということです。つまり、ランチ後の眠気が夕方にズレていて、夕方にどっと眠気がくるわけです。寝不足を我慢して起き続けているだけでもかなりの疲労であるのに、それに体内時計のリズムの不調が追い打ちをかけることになるのです。

夕方など遅い時間の仮眠は夜の寝つきを悪くしますが、夕方に耐えがたい眠気と疲労がくるときは仕方がありません。一番の方法は仕事を切り上げて退社してしまうことですが、仕事がまだ残っているという人は、夕方でも、長すぎない短時間の仮眠をとったほうがいいでしょう。**仮眠は、脳のワーキングメモリを回復させます。**ワーキングメモリとは、ちょっとしたものごとを記憶に残しながら作業を行うための脳機能で、仕事には欠かせない大切なものです。仕事のことを考えると、「夕寝」という手段もあることを知っておきましょう。

PM 05:00

疲れてきたらシリアルバーを食べて脳に栄養補給を。

栄養補給は食欲にしたがわず必要最小限を食べる

寝不足のときに、スイーツやスナックなどについつい手を出して食べ過ぎてしまったことはありませんか。寝不足になると体内でグレリンという物質が活性化されますが、このグレリンには食欲をアップさせるというありがたくない役割があります。あとの項目でお話ししますが、**食行動をコントロールする脳の機能が寝不足によって狂いが生じてしまい、ジャンクなものを欲しがるようになるのです。**

ここで、健康的でパワーもチャージできる、シリアルバーの出番です。シリアルとは、トウモロコシや麦類など穀物を破片にしたもので、朝食ではミルクをかけて食べることがほとんどです。しかし、いちいちミルクをかけていては面倒なので、食べやすく棒状に加工されたものがシ

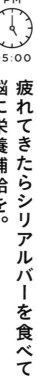

リアルバーです。最近では、コンビニやドラッグストアに行くと、いろいろな種類のシリアルバーが置いてあるようになりました。

シリアルバーには豊富なアミノ酸が含まれており、長期間にわたって摂取を続けることで睡眠の質を上げる効果も期待できます。糖分や脂肪分は控えめに作られているので、パフォーマンスに影響を与えかねない血糖値の急激な変化もありません。なにより、少しだけでも満腹感が得られるように作られているため、食べ過ぎる心配はありません。糖分だけでなく、ビタミンや食物繊維など、不足がちな栄養素も補給できますので、寝不足時の疲労を総合的に軽減してくれます。

食べた気がしないとこぼす人もいるかもしれませんが、毎日ハイカロリーなものを夕方にとっているのと、有効にシリアルバーを活用するのとでは、長期的には体重に差が出てきてしまうでしょう。

PM 05:00

頭がボーッとしてきたら、外に出て、近くのコンビニまで少しの散歩。

歩行により脳を刺激する

寝不足をしのぐコツとして、脳と体に刺激を与えるというやり方があります。**一番簡単なのは、歩くこと**です。飲み物を買いに行くとしても、一番近い同じ階の自動販売機に行くという程度では大した効果が得られないので、違う階の自動販売機か、近くのコンビニまで足を運びましょう。

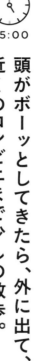

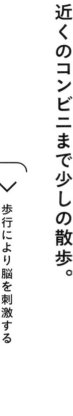

歩くことで、脳にはいい刺激が加わります。足腰の筋肉を動かし続けると、運動野といって、運動を司る脳のある部分の働きがよくなります。体だけでなく脳への血液の循環も高まり、脳への血流が増加するからです。

イマヌエル・カントやジャン＝ジャック・ルソーなど、昔の有名な哲学者たちはよく散歩をしながら思索を行っていたことで知られています。**「歩く」といった運動によって脳神経細胞が活性化し、より明晰な思考ができるようになります。**歩けば当然視界も変化しますし、「どこへ行こうか」などと頭も使います。デスクでじっと座っているより刺激が多いのは明らかです。

とはいえ、**ハードなウォーキングや長時間の散歩は禁物です。**寝不足の日は、十分に眠った日と比べて血圧や心拍数が上がっています。寝不足というストレスと体が戦っていて、エネルギーをたくさん消費しているからです。このような状態のときには、ちょっとした運動でも疲れ果ててしまううえ、寝不足で注意散漫になっているので、思わぬ忘れ物や衝動買いをしてしまいかねません。

したがって、**飲み物を買いに5分だけ外を歩いてくる、というのが現実的な対策です。**水分をこまめにとることも、寝不足をしのぐ有効な方法ですので、一石二鳥です。

PM 06:00

定時前後は、「とにかく早く帰ること」を最優先して仕事にとり組む。

「睡眠負債」はすぐ返す

日本人は労働時間が長いことで有名です。寝不足で疲労困憊しているときですら残業……なんてことも日常茶飯事。しかし**残業は、翌日以降に再び寝不足になる可能性を生み出す元凶です。**寝不足であまり仕事が進まなかったからといって、遅くまで残って片付けようとしても、「残業→遅い帰宅→睡眠不足→日中のパフォーマンス低下→残業」という負のサイクルにはまってしまい、睡眠不足は蓄積していく一方で、パフォーマンスは低下し続けます。何一ついいことはありません。

一晩の寝不足程度であれば、その日の夜きちんと眠ることができれば大部分は回復するでしょう。ところが、睡眠不足が連日にわたってたまっていけば、パフォーマンス低下どころか健康被害すら生じてきて、下手をすると回復まで長期間、仕事を休まなければならなくなります。

睡眠不足は借金のように蓄積するため、「睡眠負債」とも呼ばれています。ある人の適切な睡眠時間が7時間だとして、連日6時間睡眠が続いたとしたら毎日1時間ずつ睡眠の借金（＝体への負担）がたまっていくことになります。

週末の「寝だめ」で平日の睡眠負債を返せるとよいのですが、休日に長時間寝過ぎると、睡眠負債は減る一方、リズムは大きく乱れてしまいます。日曜日に昼過ぎまで寝てしまったせいでその夜なかなか眠れず、月曜日は寝不足の状態で一週間がスタート、という経験はみなさんにもあることでしょう。

こうならないためにも、〝借金〟はこまめに返済するのがベスト。寝不足の日は、できる限り残業は避け、早い時間に家に帰ってさっさと寝るのが正解です。

PM

07:00

寝不足時の「魔が差す」食欲に注意。夕食は食べ過ぎず、バランスよく。

寝不足時の食欲は信用しない

何度でも繰り返しますが、寝不足のときの食欲はとにかく危険です。睡眠が足りていない状態の脳は、糖分の高いものやカロリーたっぷりで味の濃いジャンクフードをとにかく欲しがります。これはいったいどういうわけなのでしょうか。

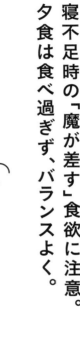

カリフォルニア大学バークレー校の研究グループは、寝不足になるとジャンクフードが無性に食べたくなる現象を脳科学的に説明することに成功しました。寝不足時はたんに食欲が増しているだけではなく、脳の前頭前野と島皮質という、**適切な食行動をとるように指示をする脳の部分が働かなくなっているのです。**

寝不足のときに、無性にイライラすることはないでしょうか。これは、脳の扁桃体という部分が活性化することによって生じています。扁桃体の活性化は、前頭前野と島皮質のはらたきを狂わせる大きな要因です。寝不足時に限らず、イライラしてむちゃ食いしてしまうことがあるのは、これによって説明できます。

30ページでお話ししたように、寝不足のせいで食欲を増す物質グレリンが増えるだけでなく、同時に**きちんとカロリー控えめのものを食べようと辛抱する脳の機能も損なわれている**わけですので、これはダブルパンチです。よく眠るだけでダイエットになるなどと言われたりするのは、こういった科学的背景があるからです。

寝不足で無性にジャンクフードを食べたいというときは脳が欲しがっているわけですから、我慢しろと言われても一筋縄ではいきません。先述したシリアルバーを食べたり、お腹のふくれる炭酸水などを飲んだりして、脳をごまかすといいでしょう。

PM 09:00

ゆっくりお風呂に入って、緊張した脳と体をリラックス。

38〜40℃のぬるま湯で副交感神経を活性化

寝不足で家に帰ってきた夜はシャワーではなく、ぜひお風呂に入ってほしいものです。寝不足のときは脳も体も疲れ果てているのは事実ですが、脳のほうはむしろ興奮している状態に近くなっています。寝不足時にイライラするのは、ネガティブ感情のもとである扁桃体が活性化しているわけですから。

まして日中に、寝不足による不注意で「上司に怒られた」「仕事でミスをした」などイヤなことの一つでもあれば、寝不足なのに変に頭が冴えてしまって眠れない、という苦しい夜を迎えることもありえます。

寝不足で消耗している脳と体を休めるためには、なによりリラックスが大切。**そのままベッド**

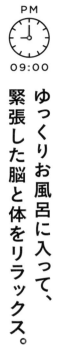

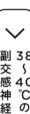

に入って寝てしまいたくなるのを少し我慢して、ぜひお風呂に入ってみてください。38〜40℃くらいのぬるめのお風呂がいいとよく言われますが、これは筋肉の疲労をとるためだけではありません。**リラックスをさせる副交感神経が働く**からです。

目が覚めるような熱いお風呂、あるいはシャワーでは、逆に脳と体を覚醒させる交感神経が活発になってしまいます。これは快適な眠りにとってあまりおすすめできません。ぬるめのシャワーも考えられますが、シャワーは入浴に比べて外気に触れやすく、寒さによって交感神経が刺激されてしまいかねません。また、お風呂でもあまりぬるめだとむしろ寒くなってしまい、体温が冷えれば、入眠にとっても逆効果です。したがって、**38〜40℃くらいになるよう、湯温を調節してみてください。**

温度もそうですが、寝不足のときは脂汗をかいて顔や体が汚れきったように感じているので、それらをきれいに洗い流して、さっぱりした状態でお風呂に入り、のんびり手足を伸ばすのは気持ちのいいもの。「いい湯だな〜」とリラックスすれば、精神的にもいい影響があるのではないでしょうか。

PM 10:00

アルコール、インターネットは この時間以降控える。

アルコールとブルーライトは 睡眠の質を下げる

寝る前に軽くお酒を一杯飲みながら、ツイッターやフェイスブックを延々とスクロール――。寝不足で疲れて帰ってきた日の夜などは、このようなことをついついやってしまいがちですが、睡眠にとってはよくないことばかりです。

アルコールは巷で言われているように確かに寝つきにはいいのですが、**ぐっすり深く眠る睡眠であるノンレム睡眠が減ってしまい、睡眠の質が悪くなります。**お酒を飲んだ次の日の朝に早く目覚めてしまうのは、まさにこのせいです。また、特にビールは利尿作用があるため、夜中のトイレも多くなってしまいます。ついついお酒が進んでヘロヘロになるほど飲んでしまったりしたら最悪です。二日酔いの原因物質でもあるアセトアルデヒドもまた、睡眠にとってマイナスに働

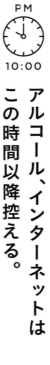

くからです。

寝る前のパソコンやスマートフォンも、夜の眠りを妨げます。眠りのホルモンであるメラトニンは夜中の午前2時ごろに分泌のピークを迎えますが、**夜に強い光を浴びてしまうとメラトニンの分泌が低下してしまいます。**しかも、液晶画面から出ている光は「ブルーライト」と呼ばれ、体内時計を乱してメラトニンの分泌を悪くしてしまう波長を持っています。

「寝る前にビールでも飲みながらネットサーフィン」が眠りによくない理由は、このように十分過ぎるほどあります。寝不足の状態でお酒を飲み過ぎてしまい、アルコールの悪影響が強く出て翌日起きられない、起きたとしてもボーッとして頭が回らないというのでは、これもまた「負のサイクル」です。あるいは、お酒を飲んでいるうちにネットにはまってしまい、目が冴えてきたということにもなりかねません。

何も、禁酒や禁ネットをすすめているわけではありません。寝る前でなければいいわけです。そのためにも、寝不足のときは早めに帰宅したいものです。

まとめ

- 朝起きたら太陽光を浴びて体内時計をリセット
- 朝食を食べて内臓の体内時計も目覚めさせる
- カフェインの作用は４～５時間続く
- 目覚めてから１～２時間経過後にパフォーマンスは最大になる
- 眠気のピークを利用して仮眠をとる

- 仮眠直後の時間は大事な仕事をするチャンス
- 頭がボーッとしてきたら
歩行で脳神経細胞を活性化
- 寝不足時の食欲は「異常」と考える
- 寝不足で緊張した頭は
38〜40℃のぬるま湯でリラックスさせる
- アルコールとブルーライトは睡眠の質を下げる

コラム

寝不足の危険を思い知った朝

夜中まで学会発表のスライドをまとめていて、1、2時間睡眠で職場に車で行こうとした朝のことです。少し寝坊してしまい慌てていたこともあり、いつもと違う道路を走って近道をしようとしたのですが、なんとその道路は一方通行。本来は侵入できない道でした。

しかも、こういうときに限って運悪く警察が待ちかまえているもの。あえなく違反切符を切られてしまいました。あとからよくよく見て知ったのですが、道路の入口には「進入禁止」の標識が立てられていたのです。私が走っていた朝の通勤時間帯だけ有効というもので、普段なら冷静に判断して引き返すなどできたところ、寝不足でボーッとした頭では正確な判断ができなくなっていました。危うく対向車と衝突事故を起こすところでした。幸い、大きな事故には至りませんでしたが、寝不足のときの注意不足は決してバカにできないということを思い知らされた一件でした。

日本人は、睡眠時間の短さでは世界でもほかに類を見ません。ということはつまり、この国には寝不足の人が大勢いるわけで、日々寝不足によるミスがあちこちで起こっているかと思うと恐ろしくもなります。

とはいえ、こういった痛い経験を積めば睡眠の重要性もわかってくるもの。そのときとられた罰金は、授業料だと思うようにしています。

Program 2

寝不足難民必修の寝不足対策

瞬時にパフォーマンスを回復する最大効果の仮眠術

Program 1では、寝不足時にパフォーマンスを落とさず仕事するための行動プランをご提案しました。なかでも、パフォーマンスをもっとも左右するのは、仮眠を上手にとることができたか否かです。眠りが足りていない状態では、やはり効果的に睡眠をとることが最大の対策となります。そこでProgram 2では、仮眠を効果的にとるためのアイデアをご紹介していきます。仮眠をとる長さ、タイミング、姿勢、環境など、理想的な仮眠を実現するための条件は確かに存在します。ですがもちろん、これらすべてを満たしていなければ仮眠の効果が得られないということはありません。多忙なビジネスパーソンにとって、質のいい仮眠をとりたくてもとれないという状況はしばしば訪れるでしょう。そのときは、後半でご紹介している「セカンドベストの仮眠術」を参照してみてください。寝不足で消耗した心身を少しでも癒すことができれば、パフォーマンスも少なからず変わってくるはずです。

PART 1

最大効果を得る仮眠術

お腹が空いたら、何かを食べるのが一番早い解決策です。睡眠も同じで、寝不足の一番手っとり早くて健康的な方法は、その場で一時的な睡眠、すなわち仮眠をとることです。

多少の個人差はありますが、適切な仮眠時間は15〜30分程度です。短すぎる仮眠だと、寝不足を十分に補うことができません。また反対に、長すぎる仮眠は起きたあとに頭がボーッとしてしまうだけでなく、夜の寝つきと睡眠の質を悪くしてしまうため、おすすめできません。

ただし、ひどい寝不足のときや、徹夜明けといった場合には、その限りではありません。1分程度の短時間仮眠や、90分程度の長めの仮眠でも、効果的な場合があります。短時間仮眠については、Part 2「セカンドベストの仮眠術」にて解説します。

仮眠をとるときの姿勢やまわりの環境についても、どれだけ仮眠時間がとれるかによって変わってきます。心地よい姿勢には個人差がありますし、環境も自分で選べる場合とそうではない場合があることでしょう。Part 1でご紹介する仮眠術は、あくまで自分に合った形で、とり入れられるところをとり入れることが大切です。

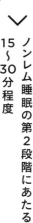

理想的な長さ

ノンレム睡眠の第2段階にあたる15〜30分程度

睡眠医学的に理想的な仮眠時間は15〜30分程度とされています。仮眠の研究は数多くなされていますが、このくらいの時間で仮眠をとることで、**寝不足を多少ながらも補い、仮眠後のパフォーマンスがもっとも向上する**という結果が出ています。

人間の睡眠は、ノンレム睡眠から始まります。アメリカ睡眠学会の分類では、ノンレム睡眠は3段階に分けられ、第1段階が一番浅く、第2段階は次に浅い睡眠、そして第3段階に入るとぐっすり眠っている深い睡眠になります。レム睡眠は、深い第3段階のあとに現れます。

仮眠は、ノンレム睡眠の第2段階に入ったちょっとあとぐらい（眠りはじめてから15〜30分経過後）に起きるのが理想的とされています。寝はじめて2〜3分では、第1段階の途中で非常に浅い眠りしか得られておらず、長く寝過ぎて第3段階に入ってしまうと、起きたときに頭がボーッとしてすぐには働きません。夜の寝つきや睡眠の質も悪くなってきます。

しかし、**徹夜明けなどの場合は絶対的な睡眠量が不足しているため、可能であれば80～100分程度の長めの仮眠が理想的です。**私たちは一晩の睡眠でノンレム－レム睡眠のサイクルを4～5回繰り返しますが、そのサイクルの1回分にあたるのが80～100分です。ひどい睡眠不足のときにはまとまったこの睡眠をとることが、対処法になるのです。

一方で、1～3分程度の短すぎる短時間仮眠ではまったく意味がないかというと、そんなこともありません。60ページで詳しくご説明しますが、パソコンやスマートフォンの画面ばかりを見ている現代の私たちにとっては、まぶしすぎる光の刺激を避けて脳や目を休めるだけでも十分に効果的だからです。

最大効果を得る仮眠術の条件②

理想的なタイミング

眠気が訪れる午後0〜4時の間

私たち人間が長い時間起き続けていると次第に眠くなってくるのは、たんに睡眠が足りなくなるからだけではありません。**人間の体内時計は一定のリズムを刻んでおり、時間が経てば眠くなるように設計されている**からです。

人間の体内時計の周期は、24時間より10〜20分ほど長いことがわかっています。したがって、前回眠りはじめてから24時間ちょっとの周期で、眠気が自然にくるようになっています。前日の夜、午後11時に入眠した人であれば、純粋に体内時計のリズムにしたがえば翌日も午後11時過ぎに眠くなってくるはずです（そうすると日が経つにつれてどんどん夜遅くにずれていってしまうことになりますが、毎朝体内時計を「リセット」することでそれを防いでいます）。

ところが**人間には、24時間タイプの体内時計のほかに、約12時間タイプの体内時計も備わっています。**この半日サイクルの体内時計が存在するために、ちょうど午後の昼下がりの時間帯にも眠気がくるようになっているのです（たとえば、前日の夜、午前0時に入眠した人であれば、その12時間後の午後0時過ぎに眠くなってきます）。

したがって、理想的な仮眠のタイミングは、入眠・起床時刻によっても変わってきますが、広く見積もって**午後0〜4時の間**、ということになります。

さらに言えば、**昼食後の時間であるとなおいい**でしょう。午後に眠くなる理由は、昼食を食べた影響も当然考えられます。脳内の覚醒を司るオレキシンという物質は、空腹では活性化し、満腹では活動が弱まるからです。

体内時計のリズムで眠くなり、かつ小腹を満たしたあとで眠くなったときこそ、仮眠のベストタイミングだと言えるでしょう。

最大効果を得る仮眠術の条件③

理想的な姿勢

目覚めやすくてリラックスできる姿勢

仮眠というと、デスクにうつぶせ、あるいはイスにもたれかかって寝るという人が多いでしょうか。あるいは、完全に横になって寝るという猛者もいるかもしれません。

どのような姿勢が仮眠に適しているかについては、実は確立された説はありません。しかし医学的に考えてみれば、机に突っ伏したような、顔を真下に向けたうつぶせ寝は頭部の血のめぐりが悪くなり、かつ気管を圧迫して、心臓や肺に負担がかかってしまう危険性があるため、推奨されないと言えます。肥満の人であればなおさらです。うつぶせ寝ならば、顔を横に向けた姿勢がいいでしょう（もちろん、あまりふんぞり返りすぎもいけませんが）。

おすすめしたいのはあおむけ寝です。**ややリクライニングできるイスか、理想的には一人掛け**

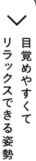

のソファで軽く背に寄りかかって仮眠をとるとよいでしょう。

とはいえ、長いソファで完全に横になって寝てしまう、ましてベッドの中に入ったりしては、そのままぐっすり長く寝てしまい、条件①でお話ししたように目覚めに頭が働かず、夜の寝つきにも影響します。短時間で起きるためには、うつぶせ、ないしは軽くあおむけが推奨されます。

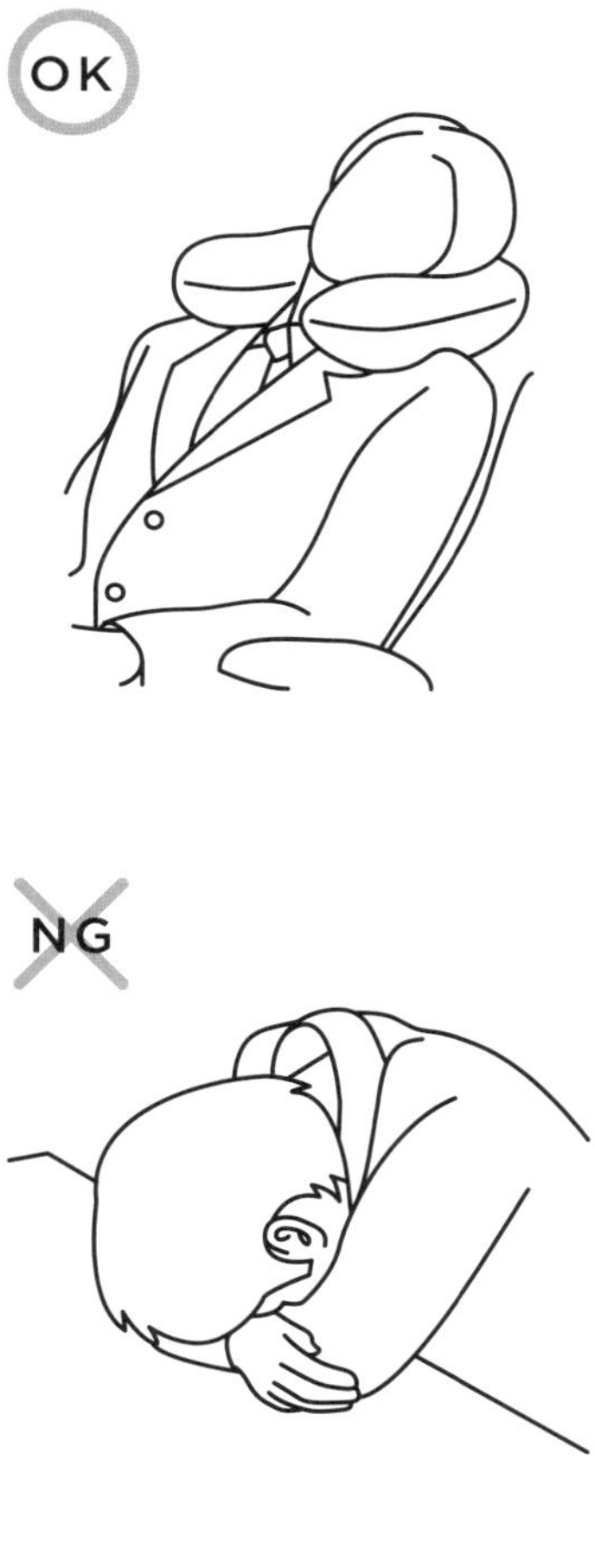

・図1「理想的な仮眠の姿勢」

最大効果を得る仮眠術の条件④

理想的な環境

明る過ぎず、適度な雑音がある場所

仮眠をとるお気に入りの場所というのは、見つけておいてまず損はありません。オフィスにそのような設備があれば言うことなしですが、そうではない場合でも、近場のカフェや図書館などでちょうどいい場所が見つかればしめたもの。リラックスできて、居眠りしていても注意されないような場所であれば基本的にどこでもＯＫですが、少し留意していただきたいことがあります。

たとえば、光がまったく差さず、真っ暗で、雑音のないシーンとした部屋だとどうでしょう。寝不足の状態ならばあっという間に眠れると思いますが、もうおわかりの通り、こんな部屋で寝てしまっては寝過ぎてしまうでしょう。気がついたら夜、あるいは次の日の朝になっている、なんてことも考えられます。

その意味では、オフィスやカフェといった、**適度に明るく、雑音があるところが仮眠には向いています。** ただ、明るさに関しては少し注意が要ります。無数の蛍光灯やパソコン画面に囲まれた明る過ぎる場所では、今度は目が冴えてしまいます。したがって、**「やや薄暗く、なおかつ煌々と明るくない」という環境が、仮眠における好環境です。**

仕事をするオフィスは、どうしても明るくなりがちです。ロビーや通路など、多少暗めの空間に休憩スペースがあれば、できればそこで仮眠をとりたいものです。あるいは近場で、照明が控えめで適度な雑音があるカフェが見つかれば、仮眠にはもってこいです。

明るいところしかない、あるいは雑音どころか周囲がうるさくて仮眠どころではないときの最後の手段は、アイマスクとイヤプラグ（耳栓）です。アイマスクやイヤプラグをつけると、光や音の刺激がシャットアウトされて眠りやすくなりますが、顔や耳の皮膚に触れる刺激や違和感が、仮眠を深め過ぎない働きをします。

もっとも、寝不足のときは刺激や違和感などどうでもいいくらい眠気が増していますから、爆睡してしまいかねません。念のためアラームを設定しておくなど、注意が必要です。

最大効果を得る仮眠術の条件　番外編

仮眠への理解を得るには？

同僚の中に仮眠仲間を見つける

時間やタイミング、環境など、物理的な条件についてこれまでお話ししてきましたが、**仮眠をとろうとするときの一番のネックは、やはり「他人の視線」だと思います。**特に日本の会社では、昼寝といえば「なまけもの」や「サボり」といったネガティブな印象がまだまだつきまとっています。人の目を気にして緊張したり、不安になったりで目がどんどん冴えて、仮眠どころではなくなってくる人もいるのではないでしょうか。

仮眠が生産性の向上に役に立つことは、日本においても徐々に理解されてきているとはいうものの、監視が厳しい会社は依然存在することでしょう。そのような環境にいる場合は、自分にとっていかに仮眠が大切かを周囲に理解してもらわなければなりません。「俺には昼寝が必要なん

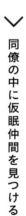

だ！」といきなり主張するのも唐突ですから、ある程度時間をかけてわかってもらう必要があります。

そんなとき一番いい方法は、**同僚の中で仮眠仲間を作る**ことです。おもに仕事が原因で寝不足になっているのだとしたら、おそらくほかにも寝不足の人は存在するはず。あえて同僚と仮眠の効果について話してみたり、同じ時間にデスクで仮眠をとったりすることで、職場のなかに仮眠を肯定的に捉えるムードが生まれ、理解が得られやすくなるでしょう。その点は、日本人の同調性がプラスに作用するはずです。

では、昼寝に理解のない上司がいるときはどうしたらよいでしょうか。このような人の前で仮眠することは、自分も緊張して仮眠どころではないでしょうし、いくら仮眠が合理的だと言っても、上司によるあなたの評価は下がってしまいます。

こういう場合は、昼休憩のついでに、**オフィスから離れたところで仮眠をとる**のがお互いにとって一番です。そのほうが、あなた自身もリラックスできますし、ずっとオフィスにいて仮眠をとらないでボーッとしているより、少し席を外して仮眠したあとにテキパキ働く姿を見せたほうが、上司からの信頼も高まることでしょう。

PART 2

セカンドベストの仮眠術

これまで理想的な仮眠についてお話ししてきましたが、同時に、すべての条件を満たしたパーフェクトな仮眠をとることの難しさも、感じられたのではないでしょうか。しかし、理想的な仮眠がとれないからといって、寝不足の日のパフォーマンスをあきらめてしまうのは、もったいない話です。

時間がほとんどとれなくても、タイミングがずれていても、環境がよくなくても、与えられた条件で仮眠をとろうとする貪欲さが、睡眠不足の場合には特に大切です。そこでPart 2では、「セカンドベストの仮眠術」として、超短時間仮眠や、仮眠と同じような効果を得られる方法を見ていきます。仮眠といっても、「意識がなくなること＝睡眠」だけがすべてではありません。脳を休める方法は仮眠以外にも存在します。理想的な仮眠には及ばないかもしれませんが、やらないよりはずっといい効果をもたらしますし、それらの行為をこまめに行うことで、まとまった仮眠をとったのとほとんど同じくらい、脳を休めることができる場合もあります。

たとえば、瞑想によるヒーリング効果は研究で実証されていますし、実践でも使われるようになってきています。東洋医学ならではの「ツボ」も、西洋医学では得られない効果が期待できるでしょう。むしろ、大きな副作用がないだけ、カフェインなどよりは健康的だとも言えます。

セカンドベストの仮眠術　その①

目をつぶってボーッとする

視覚情報の処理を中断する

仮眠というと、「眠りに入らないと意味がない」と思われがちですが、はたしてそうでしょうか。睡眠不足を解消するほどでありませんが、1分程度目をつぶって「ボーッ」とするだけでも、実は疲れた脳をリフレッシュする働きがあるのです。

仕事などで長時間パソコン作業をしたり、資料をひたすら読んだりしていると、よく「目が疲れる」と言います。確かに、パソコンの画面から発される光に目を晒し続けたり、細かい文字を追ってばかりいたりすると、目を酷使することになります。しかも、そうして入ってくる視覚情報を処理しているのは、脳の視覚野という部位です。目から入った情報は、視神経を通り脳の後ろ側にある視覚野でキャッチされ、どういうものかが脳によって判断されているのです。

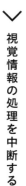

パソコンやスマートフォンなど、明るい光を見ることの多い現代社会では、便利になった半面、脳の負担も以前に比べてはるかに大きいのは間違いありません。**ほんの短時間でも目をつぶってボーッとすることで、目の疲れだけでなく脳の疲れも癒やすことができます。**

何もやることがなかったり、仕事に飽きたりしても、私たちはなかなかボーッとしようとはしません。スマートフォンを見たり、違うことを考えたりして、なにかとせっかちに情報に触れようとして、脳を休めようとはしません。違うことをするのは気分転換にはなるでしょうが、できれば休息になることもとり入れたいものです。

寝不足でキツいけれど、いろいろとやることが多くて仮眠どころではない、とバタバタしているときには、1分でもいいのでゆっくり息を吐いて、意識的に目をつぶってボーッとしてみましょう。疲れでイライラしている脳を、少しはクールダウンさせることができます。それで5分や10分でも居眠りできてしまえば、もうけものです。

セカンドベストの仮眠術　その②

短時間でも仮眠する

断続的な仮眠で脳を少しずつ休める

理想的な仮眠時間は15～30分とお伝えしましたが、**それより短い仮眠にも一定の効果があります。**ここでは、代表的な「1分仮眠」と「3分仮眠」の効果についてご説明しましょう。

まず、ノンレム睡眠の段階をもう一度復習しておきます。

寝はじめから出現するノンレム睡眠は、段階①→段階②→段階③の順に深い睡眠になっていきます。段階①はほんのまどろみ程度です。段階②は、浅い睡眠。段階③は深い睡眠で、ちょっとの刺激ではなかなか起きることができず、起こされたあとではボーッとしてしまいます。

この**ノンレム睡眠・段階②を3分程度含む睡眠が、午後のパフォーマンスが一番上がる**ことがわかっています。段階①から段階②に移るまでには、個人差や寝不足の程度にもよりますが、早い人で5分、遅い人で20分程度はかかると言われています。

ちゃんとした仮眠時間が15分〜30分であるというのは、この段階②に入るまでの時間を見積もってのことです。ぐっすり深い段階③に入らないうちに目覚めるのが、望ましい仮眠だということです。

では、1分間や3分間の仮眠ではどうでしょうか。このような短時間仮眠では、まどろみ程度のノンレム睡眠・段階①が途中で終わっています。ノンレム睡眠・段階①の働きについては実はよくわかっていませんが、起きているときに脳波で見られるアルファ波は消え、目がゆっくり動くようになっています。

1分間では視覚情報を絶つ程度なので、覚醒しているときの脳波とほとんど変わりませんが、**脳の情報処理を一時停止させるという点では、効果がある**と考えられます。一方、3分間の仮眠では脳波も変化しており、脳に一定の休息効果が現れています。

したがって、15分もまとまって仮眠がとれないような場合でも、**3分間の短時間仮眠を断続的にとることで、脳を少しずつ休めることができる**と言えるでしょう。

セカンドベストの仮眠術　その③

ゆっくり息を吐いてみる

時間をかけた呼吸法で副交感神経を働かせる

いくら寝不足でも、緊張している人はなかなか仮眠ができないものです。ましてや、寝不足から生じるストレスと戦って、イライラしたり変に汗をかいたりするなど、脳や体が過剰に反応している状態では、リラックスしろと言われてもなかなかできるものではありません。

これは、自律神経の交感神経系が働き過ぎていることが原因です。本当は眠ってしまいたい自分をむりやり起こしているわけですから、大きなストレスになっていることは言うまでもありません。イライラしたり脂汗をかいたりするのは、このストレスに対抗するために脳にも体にもムチを振るっていることの表れと言っていいでしょう。

以前もお話しした通り、仮眠に入りやすくするためには、交感神経とは正反対のリラックスさせる働きをする副交感神経を活発にする必要があります。副交感神経は、いわば**脳と体の両方にブレーキをかけて、スローダウンさせる役割**を担っています。

さて、副交感神経を働かせる一番ラクな方法は何でしょうか。それは、呼吸法を工夫することです。呼吸をワンテンポゆっくりする、特に吐くときに普段よりも思い切り時間をかけるだけで、副交感神経系の働きが高まります。**1、2、3……と数えながら、5～10秒ぐらいかけて、息をゆっくり吐いてみる**といいでしょう。

この呼吸法が、セカンドベストの仮眠術として有効です。忙しいときは、30秒間で構いません。余裕のあるときは、2～3分間取り組んでみましょう。仮眠に入りやすくなるのはもちろん、眠りに入らなくても、短時間仮眠と同様の効果を部分的に得ることができます。

自分の意思や行動で脈拍を下げる、汗をかかないようにする、イライラを何とか抑えるのは難しいもの。しかし**呼吸法は、自分の意思で確実にコントロールできる動作としておすすめ**です。

セカンドベストの仮眠術　その④

短時間瞑想

瞑想で集中力を回復させる

昨今、一部の先進的な企業がとり入れている「マインドフルネス」に代表される「瞑想(Meditation)」は、セカンドベストの仮眠術としておすすめできます。やり方は至ってシンプル。静かな場所でゆったり座って、目を閉じ、何も考えずにボーッとしながら、ゆっくりと呼吸するだけ。**瞑想には、集中力を回復させる、あるいは不安を和らげるなど、さまざまなプラスの効果があると言われています。**

ここでもやはり、呼吸が大切です。**息をゆっくり吐くことをこころがけ、余計なことは考えず「ボーッとしているいま」に意識を集中させましょう。**

たとえば、5分以内の短時間瞑想でも、パフォーマンスを回復するのに役立ちます。そして、

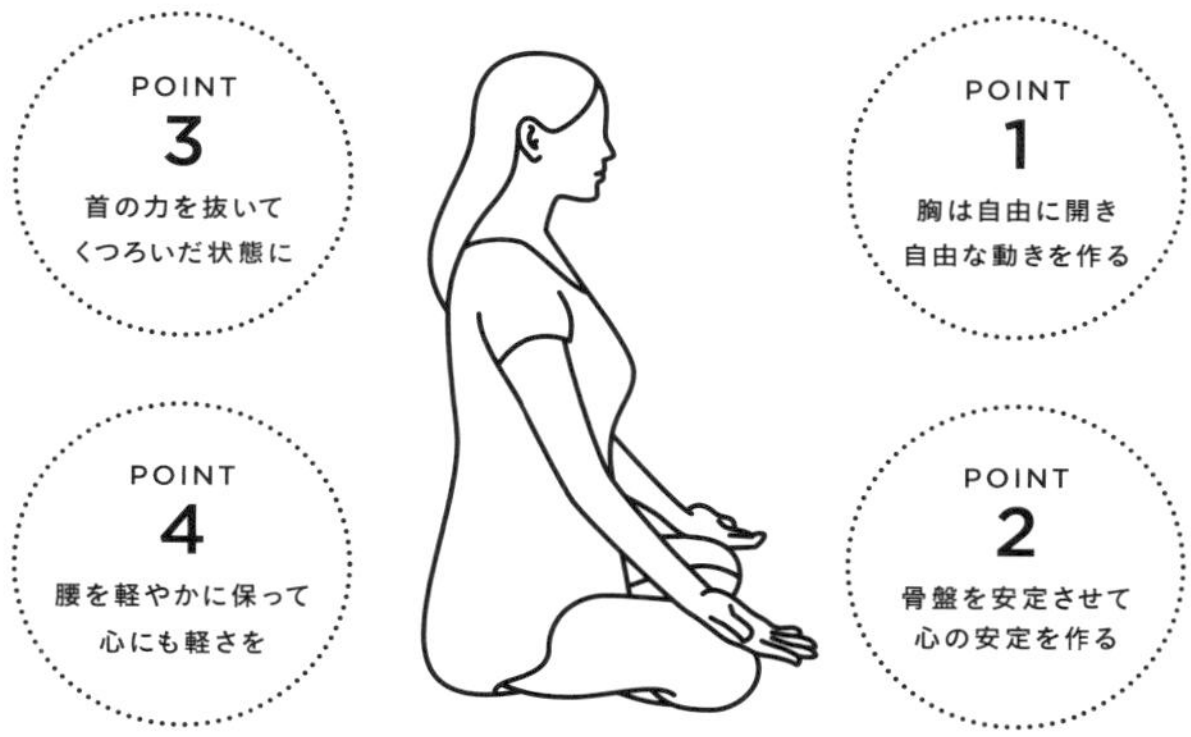

・図2「瞑想のポーズ」　出典：ヨガジャーナル日本版

それを毎日継続して実践することで、効果をより高めることができるのです。

カリフォルニア大学ロサンゼルス校（UCLA）のグループが行った研究結果によれば、長期的に瞑想を行っている人は、短期記憶に関わる脳の海馬という部分の体積が大きくなり、大脳皮質の神経細胞も増加するなど、脳にプラスの作用を得ていることが示されたのです。ほかにも、**瞑想が脳機能にプラスに働くことを明らかにした研究は数多く存在する**ことから、瞑想の効果は信頼できると言えます。

セカンドベストの仮眠術　その⑤

眠気を覚ます「ツボ」

神経を直接刺激して
副交感神経を活性化

寝不足のとき、襲い来る眠気を振り払おうとしてカフェインの大量摂取に走る人がいますが、カフェインの使い過ぎは体に毒です。できれば副作用の少ない別の手段を試したいもの。そこで、東洋医学の出番です。

そのなかでも特に、**いつでもどこでもできる「ツボ」は、覚醒機能を司る神経を直接刺激するため効果を得やすく、おすすめできます。**

晴明《せいめい》、中衝《ちゅうしょう》、労宮《ろうきゅう》、合谷《ごうこく》、風池《ふうち》、百会《ひゃくえ》といったツボは、眠気を覚ますツボとしてよく知られています。睡魔が襲ってきたときには、思い切り太ももをつねったりするよりも、これらのツボを的確に刺激したほうが断然効果的です。

押し方は次の通りです。ツボの位置を確かめて、指の腹を垂直に当て、ゆっくりと2、3秒かけて押していき、また2、3秒かけてゆっくり力を抜きます。ツボ1箇所につき、これを5〜10回繰り返してください。**強すぎず、弱すぎずの心地いいくらいの強さが一番効果的だとされています。**押すときにゆっくり息を吐くと、ツボの効果と副交感神経の活性化が連動するため、より高い効果を得ることができるでしょう。

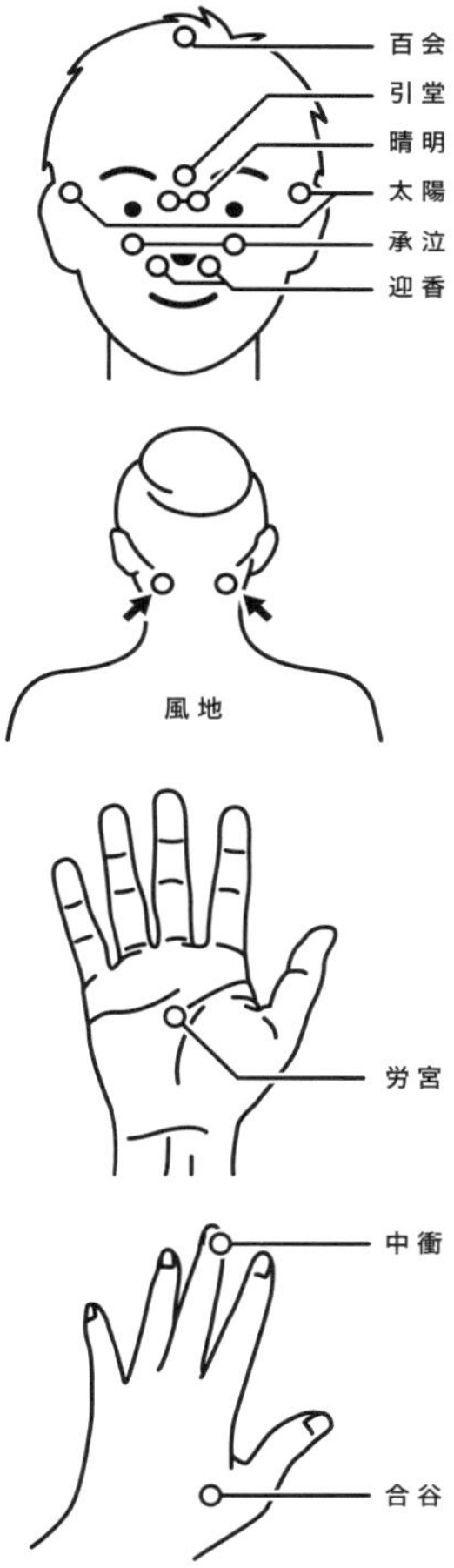

・図3「眠気を覚ますツボ」 出典：ツボ道場

まとめ

- 睡眠医学的に理想的な仮眠時間は15～30分程度
- 理想的な仮眠のタイミングは午後0～4時
- 目覚めやすくリラックスできる姿勢が仮眠に最適
- 適度に明るく雑音がある場所が仮眠に最適
- 目をつぶって視覚情報処理を中断すると、目や脳の疲れを癒やすことができる

・短い仮眠でも脳の情報処理を一時停止できる
・呼吸法で副交感神経がはたらく
・瞑想は集中力を回復させたり不安を和らげたりするなど脳機能にプラスにはたらく
・仮眠への理解を得るためには仮眠仲間を作る
・眠気が襲ってきたときはゆっくり息を吐きながらツボを押す

コラム

寝不足という“拷問”

人間は、いったいどれだけの期間、眠らないで起き続けたまま過ごすことができるのでしょうか。

かつて、この問いに挑んだ人がいます。1964年にアメリカのテレビ番組の企画で、徹夜の世界記録にチャレンジするというものがありました。挑戦者は、当時高校生だったランディ・ガードナー君。なんと彼は、264時間（11日間）もの間、寝ないで過ごすことができたというのです。

しかし、徹夜の日が2日、3日と続くにつれ、ランディ君は眠気やだるさが次第に強くなり、しまいには妄想や幻覚などが生じてきて、最終日あたりには物覚えもあやしくなるという有様でした。

現代では視聴者から苦情が来そうな過酷な企画ですが、幸いにランディ君は一晩ぐっすり爆睡しただけで、翌朝にはちゃんと回復していたようです。

このチャレンジは、一回きりだったからこそできたのかもしれません。寝不足が長い期間にわたって続くと、心や体の病気にかかってしまう危険性があるからです。

昔は、「寝させない」という拷問もあったそうです。拷問ほどではないにせよ、とにかく忙しい現代社会においては、寝不足という“拷問”を毎日受け続けている人がたくさんいることでしょう。そう思うと、複雑な気持ちにさせられます。

Program 3

寝不足を覚悟したときの次善の策

究極の寝不足サバイバル術〈アンカースリープ〉

これまで、寝不足になってしまった日の過ごし方についてご説明してきました。前日に仕事が終わらず遅くまで残業してしまったり、夜にうまく寝付けなかったりして十分な睡眠時間をとることができず、それでもパフォーマンスを落とすわけにはいかないようなときにこそ、役立てていただけると思います。しかし、ビジネスパーソンが寝不足に陥るのは、そういった日常的に起こりうる状況だけではないはずです。重要なプレゼンの前日に、突発的に対応しなければいけない事態が発生したり、どうしても遅らせることのできない納期が翌日に迫っていたりするとき、十分な睡眠時間がとれないどころか、どう考えても最低限の時間しか眠れないことがわかっている場合もあるはずです。そんな時は、より踏み込んだ寝不足対策が必要となってきます。一般に「アンカースリープ」と呼ばれる、ある意味「究極」の寝不足対策を、このProgram 3でご紹介していきます。

PART 1

非常事態を乗り切る睡眠術、アンカースリープとは？

締め切りが迫っている仕事や、夜中も目が離せないお年寄りの介護、果ては突然の災害で強いられる避難生活など、睡眠どころではない非常事態に直面したとき、私たちはどのようにして乗り切ればよいでしょうか。このようなときにはまとまった睡眠時間をとれるはずもなく、必然的に細切れで仮眠をとるしかありませんが、一日二日では乗り切ることができず何日も続いてしまうような非常事態下にあっては、短時間仮眠にも限界があります。

そこで威力を発揮するのが、「アンカースリープ」です。これはまさに、非常事態を乗り切るための睡眠術です。アンカー(Anchor)とは船の「錨《いかり》」を意味しますが、どうして錨なのかというと、この睡眠術には、人間の体内リズムを一定につなぎとめておくという錨の働きがあるからです。本プログラムでじっくりご紹介していきますが、Part 1で大枠だけご説明しておきます。

まず、**最低3～4時間の睡眠を、深部体温の低下する午前0～4時の間にとります。**この睡眠を「メジャースリープ」と呼びます。人間の眠りにおいては、ノンレム睡眠とレム睡眠がセットになった睡眠をとることが重要ですが、メジャースリープはこれを確保するのが目的です。

このとき、まとまった睡眠であることが重要です。仮に、1時間の仮眠を3回に分けてとったとしても、まとめて眠ったときと比べて明らかに睡眠の質が劣ります。

メジャースリープと言っても絶対的な睡眠時間は短いので、日中に眠気が襲ってくるはずです。そうしたら、**その都度仮眠をとってください。**3～4時間では睡眠時間が不足していますが、コアタイムにメジャースリープをとれているので、少しの仮眠さえとることができれば速やかに回復できます。

そして夜、日付が変わる時刻になったら、再び3～4時間のまとまった睡眠をとる。図4に示すように、このサイクルを繰り返すのがアンカースリープのやり方です。

アンカースリープで非常事態を乗り切るにあたっては、重要なことが二つあります。

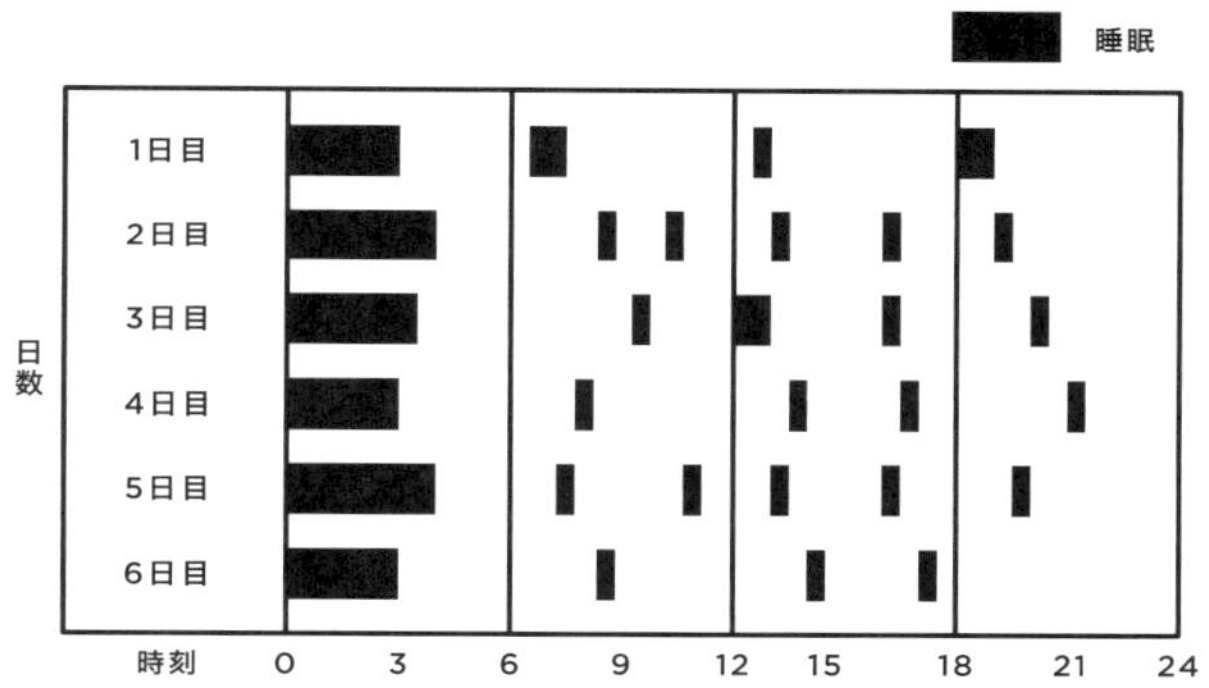

・図4「アンカースリープのとり方例」
出典：宮崎総一郎著『徹夜完全マニュアル』（中経出版、2012）

一つは、メジャースリープだけでは限界があるため、**補助的に仮眠をできるだけとること**です。短時間睡眠を推奨する人のなかには、このメジャースリープだけで十分だとする人がいますが、3～4時間の睡眠だけでしのごうとするのは無理があります。

もう一つは、**アンカースリープはあくまで非常手段であって、何ヶ月も続けてはいけない**ということです。個人差はありますが、1、2週間が限度だと考えておきましょう。あまりに長い間このような体に負担のかかる状態が続いた場合、次第に仮眠では補えなくなってくるからです。

Part 2

実践！アンカースリープ

アンカースリープをいざ実践しようとするときは、とれる時間帯が限られているメジャースリープを起点に、生活のプランを考えるといいでしょう。

寝つく時間と起きる時間とを、まず決めてください。メジャースリープを短時間で集中的にとるのが、アンカースリープを成功させるなによりのコツです。

そのうえで、アンカースリープをとる４時間前から、食事やカフェイン、明るい光など、快眠の妨げとなる行為をできる限り控えます。そうすることで、狙ったタイミングですっと眠りに入ることができるからです。

また、日中の仮眠なしではアンカースリープ作戦はありえません。体内リズムから眠気のくる午前10時〜午後2時ぐらいの間に、15分〜30分の仮眠をとることが大切です。

ここでは、絶対にミスできない重要なプレゼンの前日に、予定外の修正対応が舞い込んでしまい、短時間睡眠を覚悟したとあるビジネスパーソンのケースを想定して、アンカースリープのとりかたを見ていきましょう。

PM

7:00

明日のプレゼンの準備が終わらない……。今日は遅くなりそうだ。

数ヶ月かけて準備してきた、大型案件獲得のための大事なプレゼンが、明日に迫っている。しかし、前日の今日、上司から大幅な修正指示が入ってしまい、急遽修正作業にとりかかることに。絶対に失敗できないプレゼンだけに、残業は必至だ。

PM

11:00

終電は逃さず、いったん帰宅。アンカースリープのコアタイムに備える。

寝る間も惜しんでの作業とはいえ、寝不足でふらふらの状態でプレゼンに挑むわけにはいかない。睡眠時間を抑えながらも、パフォーマンスを最大化するためには、アンカースリープをとるしかない。コアタイムにすっと眠りに入れるよう、ここで帰宅。

AM

0:00

就寝。メジャースリープ、開始。

帰宅したら、さっとシャワーを浴びて、眠る支度を整える。起きてすぐ作業にとりかかれるよう、明日着るスーツを準備し、自宅の作業机にPCを設置しておく。4時間後に目覚ましをセットしたあと、疲労感とともに眠りに入る。

AM

4:00

起床。メジャースリープ終了。昨夜の続きにとりかかる。

アンカースリープが真価を発揮するのはここから。睡眠のサイクルが一回りする3〜4時間後に起きることで、すっきりした頭ですぐに仕事にとりかかる。早朝の仕事は一日で一番集中できるから、一気に最後まで仕上げていったん形にする。

AM

09:00

出社。パワーナップをとり、午後からのプレゼンに備えてラストスパート。

通勤電車で座れるよう、一つ前の駅に戻ってから始発に乗り換え、そこで15分間仮眠をとることができたので、出社して早々、頭はすっきりと冴え渡っている。プレゼンは3時間後。今朝仕上げた資料を見直し、プレゼンの順番をもう一度練り直す。

AM

12:00

軽く昼食。眠くならないよう冷たい蕎麦で体温を下げておく。

食べると眠くなってしまうから昼食は抜きで本番に臨みたいところだが、長時間に及ぶ会議で途中でエネルギー切れになってはなおさらよくない。極力体温を上げないように冷たいお蕎麦を食べ、冷たいお水を飲み、さっと食事を済ませて職場に戻る。

PM 01:00

プレゼン本番。準備も体調も万全。いざ、新規案件獲得に挑むべし！

昨日、直前の修正依頼を出した上司も、予想以上の出来映えに驚いていたから、準備は万全だろう。あとは、本番でクライアントに熱烈にプレゼンするだけだ。程よい緊張感で、眠気もいまはまったくない。ほぼベストパフォーマンス、持てる力を出し切るべし！

Part 3

アンカースリープの効果を最大化する方法

アンカースリープは、76ページの図に示したように、たとえそれが連日に及ぶ場合でもコアタイムを外さないようにメジャースリープをとることで、日中の眠気を最小限に抑え、ハイパフォーマンスを発揮することができます。

反対に言えば、ある日アンカースリープを実践しようとして午前0時〜4時に寝て、次の日は午前3時〜7時に寝、次の日また午前0時〜4時に寝る、というやり方では、たとえ3日目にコアタイムにメジャースリープをとれていたとしても、うまくいきません。日中に猛烈な眠気に襲われ、ハイパフォーマンスは望むべくもないでしょう。

その理由は、人間の体内時計にあります。そしてその理由を知ることで、アンカースリープの効果を最大化するコツも、同時に理解することができるでしょう。

体内時計のことを知るための最初の手がかりとして、次の質問をしてみましょう。

「あなたは朝型ですか？　それとも夜型ですか？」

一般的に朝型とは、朝起きるのが得意で朝から元気に活動するが夜はすぐに眠くなってしまうような人、夜型とは朝は苦手だが夜になると元気が出てきて、夜遅くまで仕事も勉強も頑張れる、というような人のことを言います。

これまでの経験から、自分が朝型なのか夜型なのかは、大体わかっている人が多いのではないでしょうか。本書を読んでいる人のなかには、寝つくのが遅く、しかも朝が弱いせいで、会社のタイムスケジュールに合わせようとして寝不足になっている、という人も多いことでしょう。そういう人は、「夜型」と答えるはずです。

このように、**どの時間帯にパフォーマンスが上がるかは人によって違う**ことが一般に知られています。これを、**クロノタイプ（時間的指向性）**と言います。つまり、朝型の人は朝にパフォーマンスのピークがくるように、夜型の人は夜にピークがくるように、人間の体内時計には固有のリズムがあるのです。

人間の体内時計のリズムは、特定の遺伝子が作り出すタンパク質によって作られます。また、人間の体内時計の周期は、24時間より10～20分ほど長いことが、研究で確かめられています。この体内時計の周期には個人差が大きく、しかも周期が長いほど夜型の傾向が強くなることも知られています。

体内時計のリズムが大幅に乱れると、寝不足の症状は強く表れます。日中に眠くなって仕事がはかどらなかったり、夜にうまく寝つけなかったりするのは、リズムの乱れが原因です。典型的なのが時差ボケです。アメリカやヨーロッパに旅行したとき、移動後の数日間は昼間に抗いがたい眠気に襲われる、ということを経験した人も多いのではないでしょうか。

終電まで残業して深夜に帰宅するようなとき、本来ならば眠らなければならない時間帯に起きているせいで体内時計が乱れてしまいます。そのうえ、休日に午後まで寝過ぎたりすると、体内時計の乱れは収拾がつかなくなります。**寝不足に悩んでいる人は、ただたんに睡眠が足りないだけでなく、体内時計の乱れによってパフォーマンスが低下する「社会的時差ボケ」ともいうべき問題を抱えている人がほとんど**なのです。

寝不足の症状を改善するためには、自分の「社会的時差ボケ」がどれくらいかをまず知る必要があります。

その目安として、平日と休日とで睡眠の「折り返し点」を比べてみるとわかりやすいでしょう。

睡眠の「折り返し点」とは、眠りに入った時刻と起きた時刻の中間の時刻です。午前0時に寝て午前6時に起きる人ならば、ちょうどその間の午前3時が折り返し点になります。

たとえば、平日も休日も同じ時間に寝て同じ時間に起きるという人は、「折り返し点」の差はゼロになります。ところが、平日は午前2時就寝で午前6時起き、休日は午前4時就寝で午後0時起きという人の「折り返し点」の差は4時間になります。

このとき、「社会的時差ボケ」がひどいのはもちろん後者のほうです。そして、**「折り返し点」の差が大きいほど、同じ睡眠時間でも日中のパフォーマンスは下がってくる**のです。

寝不足でつらいという人は、おおかたこの例の後者のような生活パターンになっているのではないでしょうか。絶対的な寝不足に加えて、社会的時差ボケになっている。これでは、一週間を通して脳も体もボーッとしたままです。

毎日規則正しく同じリズムで7時間眠るのは理想的ですが、現実にはそれは難しいことです。そこで、アンカースリープを効果的にとることができれば、寝不足による被害を最小限に抑えることができます。

アンカースリープにおいては、朝型の人も夜型の人も、深部体温が一番下がる時間帯にメジャースリープをとるのが効果的です。一般的に、深部体温が一番下がるのは午前0時～4時ごろですが、朝型の人はこれよりやや早めになり、夜型の人はやや遅めになると考えられています。

したがって、自分のクロノタイプを把握し、それにしたがってメジャースリープの時間を調整することで、自分の深部体温が一番下がった時間帯にもっとも効果的な睡眠をとることができます。

もし、そこまで厳密な時間調整が難しいという人の場合でも、次善の策として最低でもメジャースリープの半分程度はこの時間帯に入るように設定してみましょう。午前0時～4時のコアタイムにうまくメジャースリープをとれないとしても、朝型の人は、たとえば午後10時～午前2時

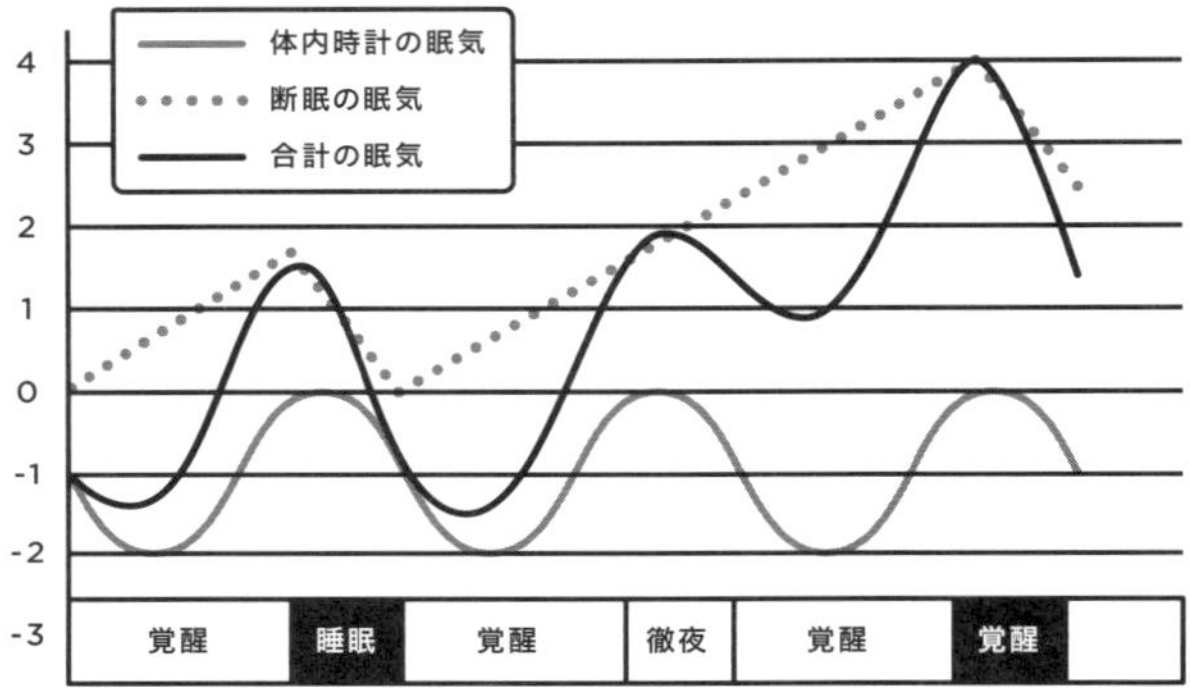

・図5「通常時の眠気のリズムと寝不足時の眠気のリズム」
出典：産業技術総合研究所・花井修次氏公式ウェブサイト

に、夜型の人は午前2時〜6時にメジャースリープをとることで、その半分の時間がコアタイムに含まれ、一定程度効果的な睡眠をとることができます。

ただし、コアタイムを決めたとしても、その時間に眠れなければ意味がなくなります。コアタイムを設定したならば、**短いメジャースリープの質を最大限に高める努力が必要です。**それは、自分の体内時計を正常に保ち、コアタイムが午前0時〜4時の間にくるようにしておくことです。特に夜型の人は、コアタイムまでもがずれてしまっては、余計に朝起きるのがつらくなり、会社に間に合わなくなります。

体内時計を正常に保つために一番効果的なのは、昼間に太陽光を浴びることです。昼間に外に出ることが少なくなった現代人は、室内の光しか浴びることができないでいますが、それではあまりに暗すぎます。蛍光灯やパソコンからのブルーライトでは全然足りないのです。

夜に液晶画面から生じるブルーライトを控えることは快眠のための基本中の基本ですが、夜型の人はなかなか言われてもできないものです。なにより、日中になるべく太陽光を浴びることをおすすめします。寝不足で明るいところにいるのはキツいかもしれませんが、アンカースリープを効率化するためには、日中の準備が大切なのです。

まとめ

- 深部体温の低下する午前0時～4時の間に、最低3～4時間の睡眠「メジャースリープ」をとる
- メジャースリープだけでは限界があるため、補助的に仮眠をできるだけとる
- メジャースリープの4時間前から食事やカフェイン、明るい光など快眠の妨げとなる行為を控える
- アンカースリープは何ヶ月も続けてはいけない

- パフォーマンスが上がる時間帯は人によって違う
- 体内時計のリズムが乱れると寝不足の症状が強くなる
- 「社会的時差ボケ」の差が大きいほど、同じ睡眠時間でも日中のパフォーマンスは下がる
- 昼間に太陽光を浴びて体内時計を正常に保つ

コラム

睡眠は最大の良薬

睡眠不足では、あらゆる種類の病気にかかるリスクが大きくなることが、研究によって示されています。高血圧や脳卒中、心臓疾患、糖尿病、うつ病……。挙げればキリがありません。そして、もっとも身近な病気の一つと言っていい「風邪」も、寝不足だと引きやすくなることがわかっています。

カリフォルニア大学サンフランシスコ校の研究グループが行った実験では、睡眠時間が５時間未満の人は、７時間以上の睡眠時間の人に比べて風邪にかかる確率が約４倍程度高かったというのです。

風邪はウィルス感染で起こりますが、免疫がちゃんと働いていれば未然に防げます。ところが睡眠不足で免疫が落ちていると、ウィルスが悪さをしでかすのを防ぐことができなくなってしまいます。

風邪を引くのは自己管理ができていないからだ、とはよく言われますが、この結果を見ると確かにもっともだと思い知らされます。インフルエンザなど、強力な感染性があるウィルスならば仕方がありませんが、最大の風邪対策はやはりちゃんと眠ることだという、実にごもっともな事実を研究結果が示しているわけです。

Program 4

非常事態の乗り切り方

寝不足のあのツライ症状から抜け出すヒント

仮眠は十分とった、定期的に歩くようにもしている、だから寝不足対策は万全だ、というときに、それでも、寝不足が原因でさまざまな不調を来す場合があります。猛烈な眠気に襲われるのはもちろんのこと、微熱が出てボーッとしてしまったり、不快な汗をかいたり、目が乾燥したり、無性に肩が凝ったり……。物理的な体調不良以外に、気分が落ち込んでネガティブになってしまうということも、身に覚えがある人は少なくないでしょう。このように、「万病のもと」である寝不足が引き起こすさまざまな症状に悩まされっぱなしでは、仕事のパフォーマンスを維持することは難しいはずです。そこでProgram 4では、これらの個別の症状を少しでも和らげるための具体的なアイデアをご紹介していきます。次のProgram 5でもお話ししていますが、寝不足のあの辛さには主観的な要素も大きいと考えられるため、諸症状を改善することで寝不足という状況に強くなれるのです。

悩み 1

眠ってはいけないときに眠くてたまらなくなる

仮眠＋カフェインでピンポイントに覚醒する

バスやタクシーの運転手や工事現場の人、あるいは為替や株式のトレーダーなど、集中力が命というようなタイプの仕事に携わる人が睡眠不足になった場合、強烈な眠気に襲われてからでは時すでに遅しというもの。そうなる前に手を打つ必要があります。

まず、**できるだけ早く仮眠をとって事前に脳を休めておくこと**です。ほんのわずかな瞬間でも他人の目を盗んで仮眠をとってください。15分以上が無理ならば、せめて**目をつぶってボーッとする**程度の、3分間の「プチ仮眠」をとること。プチ仮眠は、外界からの刺激を遮断して目だけでなく脳を休める効果があります。

それでも眠気が収まりそうにない場合は、カフェインを使うのも一つの方法です。カフェイン

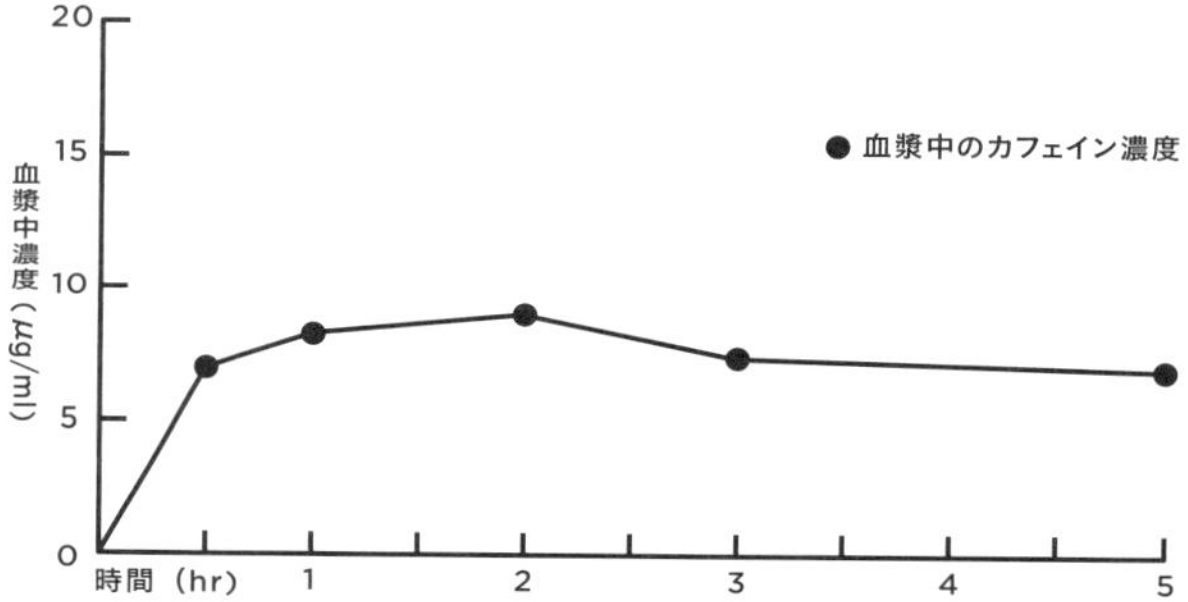

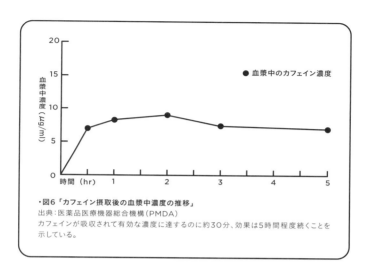

・図6「カフェイン摂取後の血漿中濃度の推移」
出典：医薬品医療機器総合機構（PMDA）
カフェインが吸収されて有効な濃度に達するのに約30分、効果は5時間程度続くことを示している。

は、血液に吸収されて効果が出るまで30分ほどかかることはすでにお話ししました。
したがって、**眠ってはいけない状況になる直前に飲むのではなく、その30分ほど前に飲み、本番にもっともその効果を得られるようにしましょう。**

とはいえ、大事な接客やプレゼンを控えた直前という、仮眠など許されないような緊迫した場面では、たいていは緊張していてアドレナリンやノルアドレナリンといった物質が活発になり、それらが眠気を抑えてくれるため、それらの力を借りるのも一手かもしれません。

悩み 2

微熱が出てボーッとしてしまう

「陰」を補う食べ物を食べる

徹夜明けや睡眠不足のときに、体がなんとなくほてるような感じになる人がいるかもしれません。寝不足と微熱はどのような関係があるのでしょうか。

かつて行われた断眠実験によれば、**被験者をわざと寝させないことによって、体温が上昇することが報告されています。**睡眠は人間の深部体温の調節に深く関係しているので不思議なことではありませんが、実は体温が上昇するメカニズムはまだはっきりとはわかっていません。睡眠不足というストレスに体が対応するために、交感神経系が活発になるからだ、と考える研究者もいますが、本当かどうかは確かめられていません。

風邪などの感染症による発熱と違って、寝不足の場合は、インターロイキンなどといった感染に関する免疫物質が分泌されることはありません。したがって、**炎症を抑える解熱剤を飲んだところでほとんど効かない**でしょう。

このような場合はむしろ西洋医学より、漢方のような東洋医学のほうが役に立つのではないか、と私は考えています。漢方には「陰」と「陽」という考え方がありますが、熱を冷ます働きがあるのが「陰」で、反対に熱を出す働きをするのが「陽」だと言われています。この「陰」が不足すると、相対的に「陽」が活発になり、体を温める働きによって熱が出ます。**「陰」は、寝不足や過度な運動、脱水などによって消耗されることが多い**と言われています。

陰陽のバランスを考えれば、**寝不足のときは「陰」の食べ物を意識して食べるのがいい**と言えるでしょう。梨のような甘味と酸味が合わさった果物はまさにこれにあたります。また、白胡麻や豆乳、杏仁などの白っぽい色をした食べ物も、「陰」を補う効果が期待できると言われています。

すでに微熱が出てしまっており、それをすぐに下げたいという場合には、応急処置として風邪ではなくとも「冷えピタ」などのような冷却シートに頼ってみてはいかがでしょうか。

悩み 3

脂汗で皮膚がべとべとしてしまう

脂汗を気にしなくて済むようこまめに拭きとる

睡眠が足りていないと、たちまち皮膚が脂ぎってきてしまうという悩みを抱える人は、実は多いのではないでしょうか。かく言う私も、当直明けの日などは皮膚がギラギラし、シャワーを浴びてもすぐに脂ぎってくるのがわかります。

脂汗は気にしなければとり立てて大きな問題はないとはいえ、顔を触って手がべとべとしたりするため、人によっては無意識にストレスになっている場合があります。寝不足で脂っぽくなる根拠は、そしてそれを防ぐ方策はあるのでしょうか。

シンガポールにあるデュークNUS医学部の研究グループは、40人の健康な成人を24時間寝させず、徹夜させたときの皮膚抵抗を調べました。皮膚抵抗とは、皮膚の表面に弱い電流を通したときに生じる抵抗値で、汗をかいているとこの値が大きくなります。

実験の結果、徹夜組のほうが、きちんと寝たグループに比べて皮膚抵抗が大きい、つまり抵抗値が高いことがわかりました。この結果は、寝不足になると汗をかいてギラギラと脂っぽくなることの傍証となっていると言えます。

汗を出す汗腺は、交感神経によって調節されています。**寝不足で脂ぎってくるのは、寝不足によって自律神経系の働きが乱れ、汗が出やすくなっているから**だと考えられます。

そのようなときは、ストレスを軽減し、乱れた自律神経系をもとに戻すことで、汗が自然とひいていくことを期待するのが一番です。脂汗が出ているときにそれを気にしすぎると余計にストレスになり、汗が止まらなくなってしまいます。**あまり気にしないか、ウェットティッシュなどでこまめに拭くことで皮膚の不快感をとり、気持ちを落ち着かせることが最善の方策**だと言えるでしょう。

悩み 4

目が乾いてひりひりする

仮眠時にホットアイマスクを装着する

私が以前病院に勤めていたとき、当直明けに病棟で点滴をとる機会がよくありました。当直はろくに睡眠をとることができないため、ひどい寝不足の状態で朝を迎えることになるわけですが、そんなときに点滴をとろうとすると、目がかすんで患者さんの血管が普段より見えにくくなっているのを感じます。

これはいけないと、知り合いの眼科医に相談してみたところ、「寝不足で目が乾いているからだ」と教えてくれました。

「本来ならば目をつぶっていなきゃならない時間（＝睡眠時間）なのに、むりやり開けているわけですから、目が乾いて当然です」

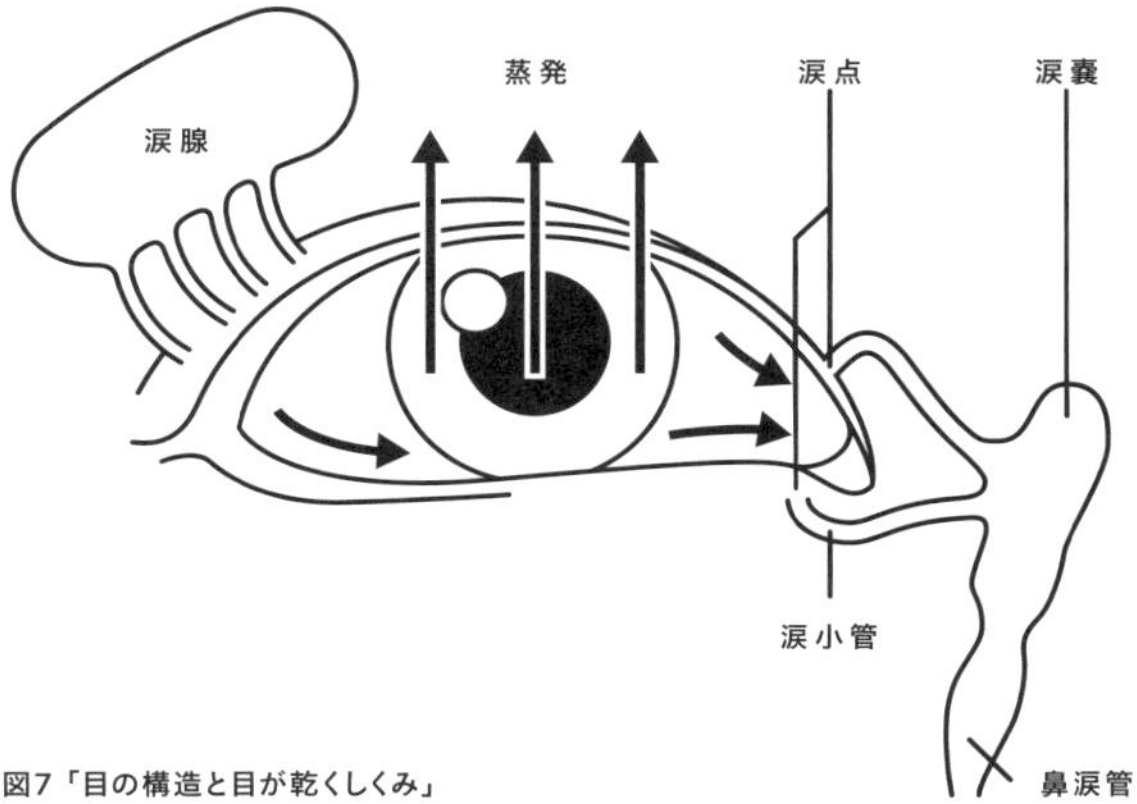

・図7「目の構造と目が乾くしくみ」

目は、涙腺によって潤され、栄養を受けています。**寝不足で目を閉じている時間が限られていると、涙腺も乾燥してドライアイ状態になります。**目も一定時間は閉じて、休ませなければならないのです。したがって目の乾きを解消する自然な方法は、目を閉じて仮眠することです。

その際、ホットアイマスクを装着することをおすすめします。目を閉じて涙腺に潤いをとり戻すのみならず、**ホットアイマスクの蒸気が直接目に潤いを与えてくれるため、仮眠後の目の乾きが驚くほど軽減されている**のを実感できるはずです。

悩み 5

肩が凝って仕方がない

食事で血行改善&定期的にストレッチ

寝不足の翌日は、体が全体的に重くなっているものです。特に、慢性的な肩こりを持っている人は、寝不足でますますひどくなっているのを感じることが多いでしょう。

睡眠不足によって前日の筋肉の疲労がとれていないから、というだけではありません。**血行不良**も原因の一つです。睡眠不足のときは、血管が縮んでしまって血液の流れが悪くなります。また、睡眠時に分泌される成長ホルモンには血液中の脂肪分を燃焼させる効果がありますが、寝不足で成長ホルモンの分泌が不足していると脂肪でドロドロし、血行不良が悪化するのです。

血行を改善するためには、やはり食べ物が一番です。**ビタミンC**（ピーマンやキウイなど）や**エイコサペンタエン酸**（すじこや鮭など）、**ドコサヘキサエン酸**（サバやまぐろなど）や**ポリフ**

エノール（コーヒーや緑茶など）、**ビタミンE**（イクラや明太子など）や**鉄分**（レバーやしじみなど）を意識してとるようにしましょう。

また、**睡眠中のストレッチ運動とも言える「寝返り」の回数が、睡眠不足によって必然的に少なくなっている**ことも原因として考えられます。

したがって寝不足のときは、意識的に体のストレッチを繰り返し、緊張した筋肉をほぐしてやる必要があります。

簡単にできるのは、肩甲骨のストレッチです。肩甲骨の間の筋肉を伸ばすように胸を開き、息をゆっくり吐きながら首を後ろに反らせます。これを5回ぐらい繰り返しましょう。

肩こりを解消するためには、背中と腰も一緒にほぐすのがおすすめです。背中のストレッチは、イスに座ったまま両手を上に伸びるように上げて、息を吐きながら腕を後ろに倒し、背中を反らせます。腰のストレッチは、うつ伏せになって胸の横に手を置き、肘を伸ばして上体を持ち上げながら、腰を反らせて伸ばしていきます。

悩み 6

ネガティブな感情に支配されてしまう

副交感神経を活性化＆キレそうなときは数を数える

睡眠不足という身体的なストレスによる影響も大きいですが、**睡眠不足の状態になるとネガティブ感情の本丸である脳の扁桃体の働きが強まり、この扁桃体の活動を抑えて「キレない」ようにさせている前頭前野の働きは相対的に落ちてしまうため、イライラが強くなるものです。**加えて、眠れなかったことでパフォーマンスが落ち、そのことが原因でさらにストレスを増大させるという悪循環も待ち受けているため、寝不足時のネガティブな感情の連鎖からぬけ出すのはなかなか容易ではありません。

繰り返しになりますが、**イライラを解消するには、副交感神経を活性化させることに尽きます。**ゆっくり息を吐いてみたり、近くのコンビニまで散歩したり、ハーブティーを淹れてみたり……。やり方はいろいろあるので、「自分のイライラが高まっている」ということを自覚して、周囲に不快な思いをさせてしまう前に少しでも解消するよう、取り組んでみましょう。

もし、職場や家庭でイライラをつのらせ、限度を超えて爆発させてしまうと、あとになってとても大きな代償を払うことになります。下手をすると、社会的信用を失いかねません。

もしカッとなりそうになったら、**理性で怒りを抑えようとするよりも、怒りが爆発するタイミングを遅らせるよう努力したほうが、寝不足の場合にはベター**です。理性で抑え込もうとしても、寝不足によって理性担当の前頭前野が疲弊しているため、うまく働いてくれないからです。

したがって、より現実的に怒りをやり過ごす方法として、たとえば**数字を1～2分ほど心のなかで数えていく**、という方法があります。怒りの対象からじっと目をそらさず、「1、2、3……」と数えることに集中することで、次第に自分の気持ちや怒りの原因に対して冷静になることができるでしょう。

「1、2、3……」だと簡単過ぎて効果がないならば、「100から7をどんどん引いていく」など、計算それ自体に少し頭を使う数え方にするとよいでしょう。

悩み 7

頭がずっしり重くなる、場合によっては痛くなる

ホットタオルで首まわりを温める または痛む箇所を冷やす

寝不足のときに一番困るのは、頭がずっしりと重くなった状態で長時間の会議に出たり、慌ただしく飛び回ったりすると、頭痛にまで発展して仕事が手につかなくなってしまうことです。

このようになるのは、睡眠不足によって脳の疲労が回復しきっていないこと以外に、頭を支える首や肩の筋肉が休めていないことも、大きな要因です。

「筋緊張性頭痛」という種類の頭痛があります。**頭や首の筋肉がこわばり、血のめぐりが悪くなることによって生じる頭痛です。**「悩み⑤」でご説明したのと同様の症状であり、寝不足によって起こる頭痛のほとんどがこれにあたると考えてよいでしょう。

筋緊張性頭痛の場合は、**首まわりの筋肉をほぐす**のがなにより効果的です。**温めた濡れタオル**

で首まわりを温めると、首まわりの筋肉がほぐれます。首まわりには、頸《けい》神経節という自律神経が集まっている部位があり（首の付根にあたるところ）、ここを温めることで副交感神経が活性化され、寝不足による頭重感を和らげることができます。

ただしこの方法は、残念ながら「片頭痛」にはあまり効きません。片頭痛はよく知られているように、頭部の血管が拡張し、炎症を起こすことで発生する痛みなので、**痛む箇所を冷やして欠陥を収縮させる**のが正しい対処法になります。

片頭痛と筋緊張性頭痛はともに寝不足で悪化しますが、そのうち片頭痛のほうには、こめかみにガンガン痛みが発作的にくる、痛みの前に前触れがある場合がある、赤ワインやチョコレートで悪化しやすい、といった特徴があります。

片頭痛が疑われるときは、発作止めや予防の薬もありますので、医師に相談することをおすすめします。

まとめ

- 眠くなってはいけないタイミングの30分前にカフェインを飲んで仮眠をとる
- 寝不足のときは「陰」の食べ物を意識して食べる
- 寝不足時の脂汗を抑えるにはこまめに汗をふき不快感をなくして自律神経系の乱れを直すこと
- 寝不足でドライアイになったら仮眠時にホットアイマスクをつけて目に潤いを与える

- 寝不足時の肩凝りは血行不良と寝返り不足が原因なので定期的なストレッチが有効
- 寝不足時のネガティブな感情を抑えるには散歩や深呼吸で副交感神経を活性化させる
- 寝不足時に頭痛がしたら温めた濡れタオルで首まわりを温める

コラム

睡眠の研究は命がけ

微熱や脂汗、眼の乾燥、頭痛、イライラ……寝不足ならばこうなるのは当たり前と思われるでしょうが、当然のように思えることがなぜ起こるのかを科学的に実証するのは、実はかなり大変な作業が必要になってきます。

睡眠不足の実験は、健康な人を募集して参加してもらいます。もちろんタダでというわけにはいかず、きちんと相当額の報酬を支払います。一晩の徹夜を強いる実験であれば、やはり次の日以降もダメージが残りますので、やや高めの料金を支払うところが多いようです。

とはいえ、お金は払えば済む話ですが、実験を行う私たち研究者の負担はかなり大きなものです。参加者が実験中に寝てしまいそうになったら、すかさず刺激を与えて起こさなければなりません。徹夜実験に何回も付き合って、苦労してデータをまとめたところで、「やっぱりダメでした」と、ガックリしたことも一度や二度ではありません。

本書でもいくつか研究結果をご紹介していますが、これらはアイデア一発で簡単に得られるようなものではなく、研究者の命を削るような努力の結晶と考えていただければ幸いです。実際、睡眠不足で寿命が短くなっているであろう研究者も少なくないわけですから。

Program 5

本当に知っておくべきことって？

寝不足の「都市伝説」を
科学的に検証！

2013年に厚生労働省が行った調査では、「睡眠時間が足りなかった」と答えている人は全体の25%にまで及んでいます。日本人の実に4人に1人が寝不足に悩まされているということは、寝不足の辛い状態から抜け出したいと願っている人も相当数存在することでしょう。近年においては、そのような事情が背景となってか、本当かどうか疑わしい寝不足の「都市伝説」が巷でまことしやかに囁かれるようになりました。インターネット上でも、「寝不足時には○○すればOK」というような記事が大変な勢いで拡散されているのをよく目にしますが、よくよくソースを辿ってみると、限定的な条件下での実験結果に過ぎなかったりする場合があります。過剰なカフェイン含有量をうたう商品も、相次いで登場してきています。そのような「都市伝説」に妄信的に頼って生活していると、次第に健康が損なわれてしまう危険性があります。そこで、それらの中で確かに言えることは何なのか、睡眠医学の見地から検証してみることで、本当に価値ある情報だけを生かして、あくまで健康的に、寝不足に打ち勝つ方法を知っていただきたいというのが、Program 5の狙いです。

寝不足の都市伝説①

「3時間睡眠でもなんとかなる」

ショートスリーパーは存在するが、かなりレア

あなたのまわりに、「3時間睡眠でも平気」という人はいるでしょうか。

ある調査結果によると、実際に短い睡眠時間でも元気に活動できる**「ショートスリーパー」（厳密には6時間以下の睡眠時間でも日中に問題なく生活できる人）は、世界に5〜10%は存在する**と言われています。

しかし、これが3時間睡眠という極端な短眠となると、割合はがくっと減ります。人間に必要な睡眠時間は、7〜8時間を中心に分布しています（中心値に多少の違いはありますが）。しかし、**3時間睡眠でも平気な人は、この中のごくわずか**です。正確な割合まで示したデータはありませんが、0・0000…%というような値ではないでしょうか。

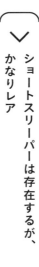

・図8「平均睡眠時間ごとの人数分布」
出典：Till Roenneberg, *Internal Time*, Harvard University Press, 2012

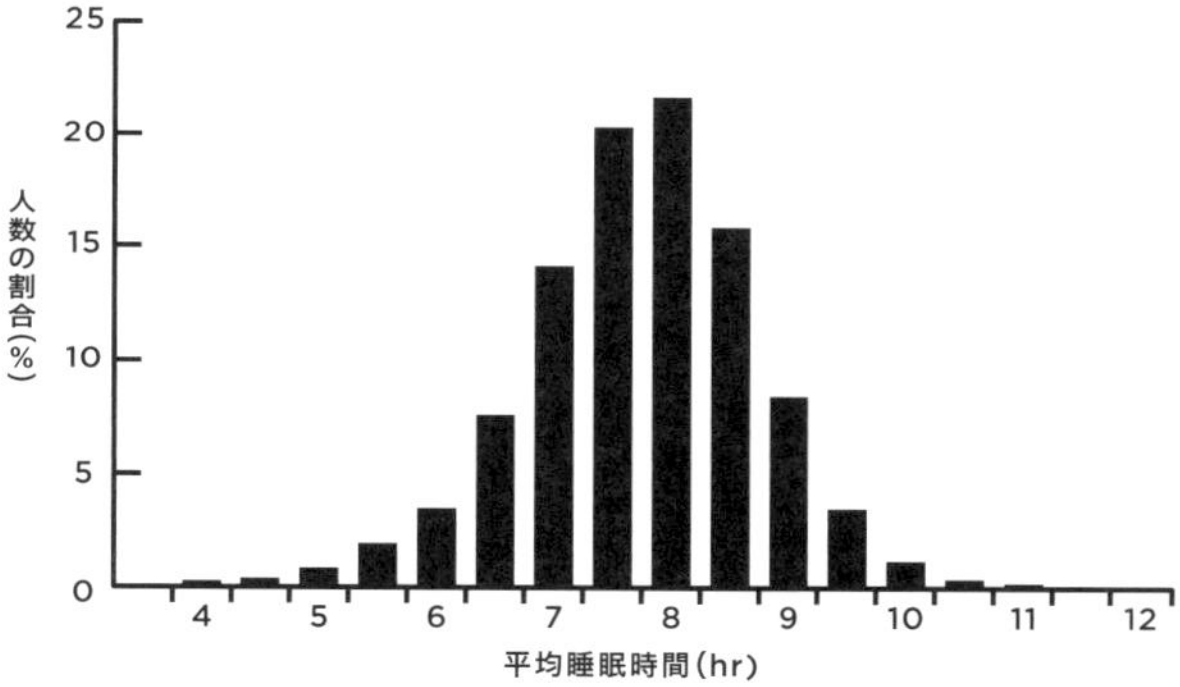

3時間睡眠でも平気な人は、短眠を可能にする遺伝子を持っている可能性が高いと考えられています。「子どものころから3時間睡眠が自然だった」というレアな人は、まさに、生まれながらのショートスリーパーでしょう。

しかし、それ以外の**90%以上の大多数は、わずかに個人差はあるけれども、7時間程度の睡眠時間は必要**です。

ショートスリーパーのマネをして3時間睡眠をやろうと努力しても、そうはなれません。それどころか、さまざまな病気を患うリスクのある不健康な生活になって、自分を痛めつけているだけなのです。

寝不足の都市伝説②

「寝不足時の眠気はエナジードリンクで解消できる」

実際にはプラセボ効果の影響が大きい

徹夜などで眠れないとき、エナジードリンクを飲んでもうひと頑張り、というのはもはやおなじみの光景となっています。近年では若い人を中心に「レッドブル」や「バーン」「モンスターエナジー」などの欧米発のマッチョなエナジードリンクが多く飲まれるようになってきています。どれも毒々しいパッケージでひどい寝不足でも頭が冴えそうに見えるために多くの人々に愛用されていますが、意外にその成分は知られていないのではないでしょうか。

たとえば、レッドブルの成分表を見てみると、次のように書かれています。

砂糖、ブドウ糖、酸味料、L-アルギニン、カフェイン、ナイアシン、パントテン酸Ca、V

B6、VB2、VB12、香料、着色料（カラメル）

カフェインは確かに含まれていますが、含有量は1本あたり80ミリグラムと、同量のコーヒーが含むカフェインとほぼ同じ分量です。では、なぜエナジードリンクばかりが「徹夜のお供」と認識されているのでしょうか。

エナジードリンクの目覚まし効果は、実際にはそのほとんどがカフェインによるものですが、それに加えて**「なんとなく目が覚めそう」というプラセボ効果**もあると考えられます。効能を訴える盛大な製品プロモーションによって、「これを飲めば効く」という情報が頭のなかにインプットされているわけです。

「なんだ、そうだったのか。知ってがっかりした」と思われるかもしれませんが、**プラセボ効果もバカにできないことが、最近の研究や新薬の治験でわかってきています。**「効くかもしれない」と思って飲めば、効果はまったくのゼロではない可能性もあるわけです。

とはいえ、カフェインは過剰摂取による死亡例も出ているように、決しておすすめはできない代物です。あくまで仮眠を中心にした寝不足対策をとることをおすすめします。

寝不足の都市伝説③

「どんなに寝不足でもつらくならない」

「つらくない」と思えてしまう躁状態にあるから

皆さんはこれまで、「全然寝なくても平気!」という人にどれくらい出会ったことがあるでしょうか。私は、そういう人に何人も出会ったことがあります。すべて、躁状態の患者さんです。

一般に睡眠が問題になるのは、「眠りたくても眠れない」という不眠でつらい夜を過ごしたり、眠れなかったことが原因で翌日に思うように行動できなかったりすることがあるからです。ある意味、そのように「問題だ」と思うのは、眠りを必要とする体からの自然な信号だとも言えますが、それが問題だと思えなくなるのが、躁状態です。**躁状態だと、「眠れなくても平気」「眠くても気にならない」と、寝不足を苦にしなくなる**のです。ショートスリーパーの可能性もありますが、それは先にお話ししたようにごくわずかです。

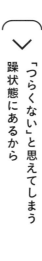

躁うつ病（今は双極性障害と呼びます）の躁状態というのは、気分は爽快で、「自分は何でもできる」という万能感に満ちあふれます。まわりの人がトロく見えて、イライラすることもあります。高級外車を買ったり、愛人を作ったりなど、生活が派手になる人も珍しくはありません。そして、**「寝るなんてバカみたい」と、睡眠を嫌う人さえもいます。**

躁うつ病の人は、日本では1％弱と言われています。ただ、まだ診断されていない、いわゆる**「隠れ躁うつ病」はかなり多い**のではないか、とも考えられています。しかも、躁うつ病の人が躁状態になってもほとんど長続きせず、活動時間の8割以上もの間はうつ状態になっているため、余計に見つかりにくいのです。

このように、なったとしても数ヶ月間も続かない躁状態ですが、**そのときにやってしまう行動が派手なので、社会的にも身体的にも、あとに残るダメージは計り知れません。**ある意味危険な状態なのですが、躁状態のときは調子のいい自分が当たり前だと思っているので、医者に行けとすすめることもできません。さり気なく、無理をしていないか聞くなどして冷静な判断を促すか、それでもダメなら自分が巻き込まれないよう、そっと距離を置いたほうがよいでしょう。

寝不足の都市伝説④

「寝不足はそのうち慣れてくる」

➡ 終わりとモチベーションがあるとある程度は耐えられる

先に「3時間睡眠はNG」とお話ししましたが、人間はある条件を満たす場合においては、ショートスリーパーでなくとも、躁状態になくても、短時間睡眠である程度辛抱することができます。それは、一つには**期間が限定されていることがわかっていること**、そしてもう一つは、**モチベーションがあること**、この二つです。

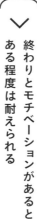

たとえば、赤ちゃんを産んだばかりの夫婦は、赤ちゃんの夜泣きに付き合って寝不足気味になる人がほとんどですが、体力的にはキツくても表情は悪くありません。それが長く続くわけではないことと、なにより子どもの成長が励みになっているからです。

ビジネスでも、少人数の若い仲間でベンチャー企業を立ち上げるときなどは、寝不足や徹夜が多少続いても、睡眠不足から生じる不調は不思議と起こりにくいという印象を私は持っています。モチベーションが高いときには、多少の睡眠不足もはねのける力が人間にはあるということでしょう。これが会社が大きくなって人数が多くなってくる、あるいは年をとるにしたがって、睡眠不足が体力やメンタルに及ぼすダメージを痛感するようになってきます。

このように、期間が限られていて、モチベーションもあるとき、常軌を逸しない短時間睡眠であるならば、仮眠などを駆使して寝不足に慣れることも可能でしょう。ただし、**条件付きなのは、口を酸っぱくして強調したいところ**です。

緊張やモチベーションがあるうちはまだいいですが、寝不足の状態が長期間にわたって続くと、体に無理が生じてきて、やる気もパフォーマンスも次第に落ちてきます。それだけならまだしも、健康被害の可能性も高くなります。**寝不足が長く続きそうな場合は、たとえ一時的にうまくいっていても慢心せず、睡眠をきちんととるように生活を見直すなど努力すること**をおすすめします。そのほうが、長期的にはいいパフォーマンスを得られるに違いないでしょう。

「炭酸を飲めば疲れがとれる」

覚醒効果は不明だが、疲労回復効果がある

炭酸は私も好んでよく飲みますが、リフレッシュしたいときなどに飲むと、確かにスーッとして心地よいものです。特に、寝不足になると刺激を求めて炭酸水を飲みたくなる人もいるかもしれませんが、実際にはどれほどの効果があるのでしょうか。

炭酸飲料による覚醒効果は、実は科学的に確かめられているわけではありません。もちろん、炭酸のあの独特な喉や胃腸への刺激は、一時的に覚醒度を上げる可能性があることは十分に考えられます。キリッと冷えた炭酸水を飲むと、一瞬目が覚めたような気になるものです。ですが、炭酸を飲んだときの自律神経の働きの変化として、交感神経が活発になって覚醒効果があると言われているかと思えば、一方では副交感神経が活発になってリラックス効果があると言われてい

たりもしていて、確かなことはわかっていないのが現状です。

むしろ、**覚醒効果よりも疲労回復効果のほうが、科学的には説明がつきやすい**と言えます。なぜなら炭酸ガスには、疲労物質である水素イオンと結びつき、二酸化炭素と水に変化させた上で体外に排出させるという働きがあるからです。また、炭酸由来の重炭酸イオンが、疲労物質である乳酸を中和するのではないかとも考えられています。

したがって、寝不足のときに炭酸を飲むのは、寝不足で消耗した体を癒やすという意味では効果があるかもしれませんが、睡眠が足りていない状態そのものを改善するわけではありません。あまりにひどい寝不足のときは、大量の炭酸水に頼ってなんとかしようとするのではなく、あくまで補助的な働きとして考え、仮眠をとるなど現実的な対処策をとることです。

寝不足の都市伝説⑤

「寝不足疲れには栄養ドリンク」

カフェインで一時的にごまかしているだけ

寝不足のときについつい頼りたくなるものといえば、眠気を吹き飛ばしてくれそうなエナジードリンクや炭酸水だけではないのではないでしょうか。寝不足で疲れた頭と体を癒やしてくれそうな栄養ドリンクにも、ついつい手が伸びてしまう……という人もいることと思います。

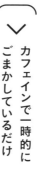

代表的な栄養ドリンクといえば、ユンケルやアリナミン、エスカップ、リポビタンD、チョコラBBあたりが、よくコンビニなどで陳列されているのを見かけます。「滋養強壮」「肉体疲労時の栄養補給に」「つらい疲れに」などとうたうこれらの商品は、実際、寝不足状態の体にどのような効果をもたらすのでしょうか。

「清涼飲料水」と表記されるエナジードリンクと違って、これらの栄養ドリンクは「医薬部外品」に分類されます。「医薬部外品」とは、厚生労働省が許可した効果的な成分が一定の濃度で配合されているもの。したがって、エナジードリンクと違って、「滋養強壮」「栄養補給」という効能の表示が可能となりますが、**寝不足に対する効き目については、はっきりとしたことは確かめられていない**のが現実です。

それぞれの製品には、疲労回復に効き目があるとされる独自の成分が入っています。漢方成分や、特殊なアミノ酸、コマーシャルでおなじみのタウリンなど、実にさまざまです。

なかでもタウリンは、脳の疲労や精神疲労を回復するとして世界的に注目されている成分ですが、実はこれに関しては十分に科学的根拠が存在しないのが現状です。

栄養ドリンクにはカフェインも多く含まれていて、それらがエナジードリンクと同様に**一時的に脳を覚醒させるため、疲れがとれたと思い込みがち**ですが、実際にはそんなことはありません。カフェインの効果が切れたと同時に、どっと疲れが襲いかかると起き上がれなくなる危険性もあります。一時的に頼るのは仕方がないのかもしれませんが、**一日に何本も飲むというのは控えるべき**です。栄養ドリンクには糖分も含まれており、急激な血糖値の上昇↓低下を招き、リバウンドの疲労や眠気の心配もあるのです。

寝不足の都市伝説⑥

「チョコレートで脳に栄養補給」

疲労回復の効果はあるが、食べ過ぎは逆効果

寝不足で疲れがたまってきた午後のひととき。ちょっとぼんやりしてくると、「あー、血糖値が下がってきちゃったかしら」とばかりに、甘いものに手を出してしまいがちですね。特に、チョコレート。

チョコレートには、確かに疲労回復成分が含まれています。特に、チョコレートに含まれるテオブロミン、フラバノール、アナンダミドなどの物質にその効果があると言われています。

テオブロミンは、**疲労回復や覚醒度を上げる効果がある**という研究結果があります。また、ポリフェノールの一種であるフラバノールには、**脳血流を改善する作用**があり、神経伝達物質であるアナンダミドには、**脳に関わる精神的な疲労を回復させる効能がある**と言われています。

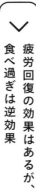

そして、チョコレートにもまた、カフェインが含まれています。含有量は種類によって異なりますが、濃いものだと100グラムあたり約60ミリグラムも含まれており、エナジードリンクにも匹敵するレベルです。眠気を覚ますのは、ここでもやはりカフェインが一番効いているようです。

しかし、チョコレートで油断できないのが「砂糖」です。食べ過ぎで太ってしまうのはもちろんですが、糖分たっぷりの甘いチョコレートを食べてしまうと、血糖値が急上昇します。そして、体内の糖分を一定に保とうとする働きで、今度は血糖値が急降下します。このような**血糖値の急激な乱高下は、疲労や眠気を来す元凶となる**のです。

比較的糖分の少ない、ブラックチョコレートをちょっとだけ、ならば効果はあるかもしれません。しかし糖分ゼロのチョコレートなどないわけですから、あくまで食べ過ぎないことが肝心です。

寝不足の都市伝説⑦

「よく寝たと思い込めば寝不足に感じない」

多少の寝不足は主観でカバーされうる

「どんな睡眠が、一番質がいいのでしょうか？」

簡単な質問に聞こえますが、これに正しく答えるのはとても難しいものです。適切な時間に入眠し、適切な睡眠時間でぐっすり眠ることができて、朝起きると全身に力がみなぎっているのを感じるようなときは、上質な眠りを得られたと言えるでしょう。しかし、同じ睡眠時間でも眠りが浅く、起きても体がなんとなくだるい、という場合もあるため、単純な入眠時間や睡眠時間の問題ではありません。

人間の睡眠のなかでもっとも深く眠っている時間といえば、徐波睡眠と呼ばれる、ノンレム睡眠のなかでも一番深い睡眠のときですが、この深い徐波睡眠が長ければ長いほど質のいい眠りが得られるのかというと、実はそうでもありません。眠りの質に不満気味の人でも、徐波睡眠が十分に観察される場合もあります。逆に、徐波睡眠がほとんどないにもかかわらず、睡眠の質には満足しているという人もいます。つまり、**睡眠の満足度は主観によるものが大きい**ということです。

2014年にアメリカ、コロラド大学で行われた実験では、「十分に寝た」と思い込ませることによって、実際には寝不足でもパフォーマンスが落ちにくいという結果が観察されています。これは**「プラセボ睡眠」**と呼ばれ、**日中のパフォーマンスがある程度主観に左右される**ことを示しています。

また、これは私の診療経験から言えることですが、**日中の時間を充実して過ごしている人は、多少寝不足気味でも睡眠の満足度が高い傾向にあり、反対に日常生活に対する不満が強い人は、いくら寝ても睡眠の質は悪いという傾向があります。**「やりたいことをやる」ために寝不足になった人は、「これぐらい寝たんだから頑張れる」と寝たこと自体を積極的に評価しやすく、「やりたくもないことをやらなければいけない」ために寝不足になった人は「これだけしか寝られなかった」と寝なかったことを否定的に捉えるのかもしれません。いずれも、睡眠に対する主観が質を決定づけていることを示しています。

まとめ

- 3時間睡眠でも平気な人はほんのごくわずか
- エナジードリンクはプラセボ効果の影響大
- 寝不足が苦にならなくなるのは躁状態だから
- 期間が限られていてモチベーションがあれば短時間睡眠でも耐えることができる
- 睡眠の満足度は主観によるものが大きい

- 炭酸は覚醒効果よりも疲労回復効果のほうが科学的には説明がつきやすい
- 栄養ドリンクのカフェインは一時的に脳を覚醒させるため、疲れが取れたと思い込みがち
- チョコレートには疲労回復成分が含まれている
- 血糖値の急激な乱高下は疲労や眠気を来す

コラム

寝不足が引き起こす社会現象

ゴールデンウィークを過ぎたころになると、「5月病」の記事をよく見かけるようになります。新しい環境で気が張り詰めていたことによる疲れや、一ヶ月経って厳しい現実を目にしたことによる失望感などによりうつっぽい状態になることを「5月病」と呼んでいるようです。

5月病の背景については、別の見方もあります。生活リズムの乱れが原因になっている、という意見です。長い大型連休の間にどこにも外出せず、自宅でゴロゴロする生活を送るなかで昼と夜とが逆転してしまい、体内時計の刻むリズムが乱れてしまいます。夜になると頭が冴えてきて夜更かしする生活がなかなか直らず、そのまま連休明けに突入すると、必然的に寝不足になります。自分を奮い立たせていた4月の緊張感もなく、寝不足とあいまって徐々に気分も落ちてきて、遅刻や欠勤が多くなってしまうというわけです。

大型連休ほどの長期間にわたって昼夜がひっくり返るというのは、欧米に海外旅行に出かけていたのと同じようなものです。きつい「時差ボケ」に見舞われます。しかも、そうやってゴロゴロするだけの充実感の乏しい過ごし方をしたことで、せっかくの長期休暇をうまく活用できなかったという罪悪感も残るため、より寝不足をネガティブに捉えがちになっています。

このように、生活リズムの乱れによる寝不足は、5月病という有名な社会現象をも引き起こしうるのです。

Program 6

明日こそベストパフォーマンス。

寝不足から抜け出すための今日から始める快眠生活術

最後に、忙しくてついつい寝不足気味になってしまう現代の私たちが、快眠をとり戻すための生活の術についてお話しします。一度寝不足になると、それがずるずると続いてしまうという「負のスパイラル」にはまりがちです。寝不足の一日をどう過ごすかというのも重要ですが、その翌日から寝不足にならないようにする、ということも同じくらい重要です。とはいえ、このスケジュールや習慣をすべて真似しなければ意味がない、ということはありません。100人いれば100通りのライフスタイルや価値観があるように、100人いれば100通りの睡眠のとり方、考え方があります。あくまで、睡眠医学的に理想的なスケジュールを参考までに示している、ということです。このスケジュールの6割ぐらい実践できれば御の字だと言っていいと思います。完全な実現を諦めて不健康な生活をダラダラ続けるよりも、よっぽど健康的だからです。あくまで自分ができることを、着実にとり入れるのが基本です。

AM

07:00

いつもの時間に起床。太陽光を浴びつつ、軽めの朝食を。

太陽光と朝食で体内時計をリセット

起きる時刻を固定することは、寝る時刻を固定するよりも大切なことです。始業や通勤時間によって異なるでしょうが、たとえば午前7時が好都合ならば、午前7時に固定しましょう。ただし、起きてすぐに準備をして、午前7時15分ごろには家を出なければならない……というのはNGです。それならば、もう少し早めに起床時刻を固定しましょう。なぜなら、朝食やシャワーなど、朝の準備をする時間をとるためです。

朝の太陽光と軽い朝食が大切なことは、すでにお話ししました。起きてトイレなどの用事を済ませたら、なるべく明るいところにいるようにしましょう。暗いところで朝食をとらないで、**窓に近いところにテーブルを持ってきて、そこで朝食をとる**ようにしてみてください。

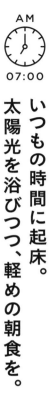

・図9「メラトニンの一日の分泌量の変動」

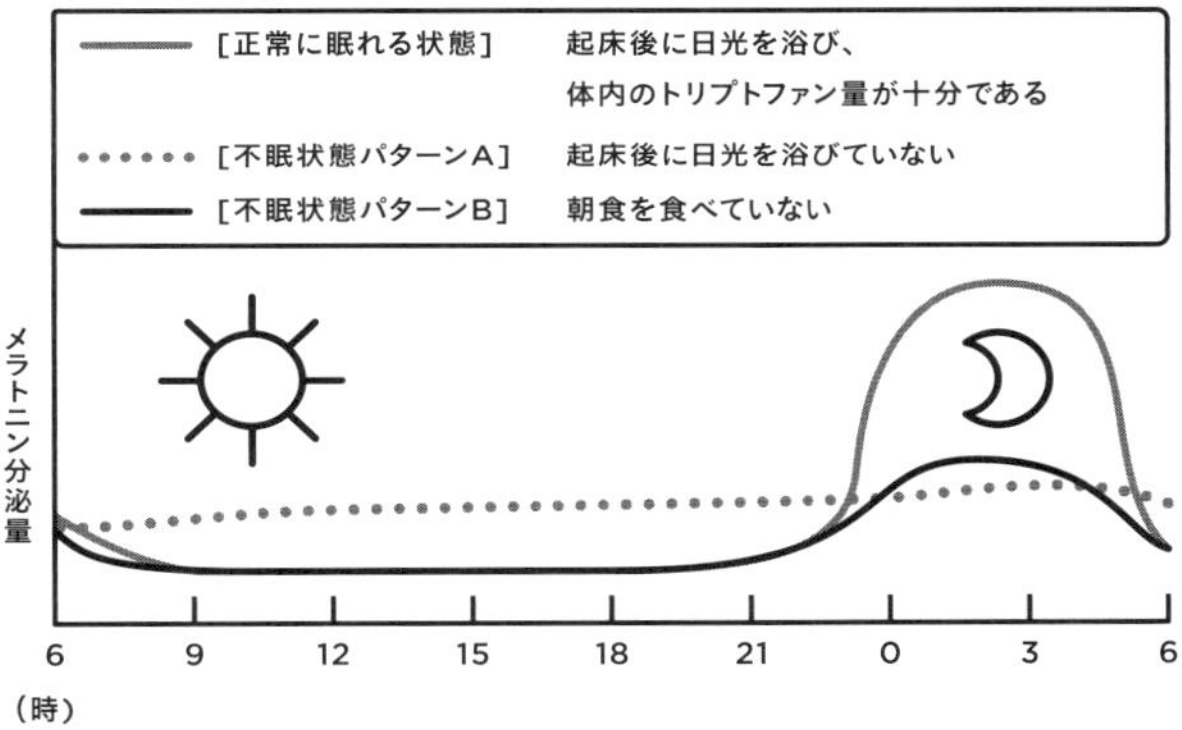

上の図9「メラトニンの一日の分泌量の変動」が示すとおり、朝に日光を浴びることで、夜のメラトニン分泌が促され、たとえ短い時間であっても睡眠の質を上げることにつながります。それに加えて、朝食で脳と体の細胞に備わっている体内時計をいっせいに起こすことで、寝不足ながらも一日のスタートを切れるようにします。これらの習慣は、一日のスタートのホイッスルのようなものだと言えるでしょう。

AM 08:00

通勤。自宅から駅まで、駅から会社まではしっかり歩く。

継続的な有酸素運動が睡眠の質を高める

出かける準備が整ったら、いざ出勤。多くは電車通勤だと思いますが、そうすると最寄りの駅まで歩いて行くことになります。駅直結のマンションでもなければ、数分〜数十分ぐらいは歩く必要があると思いますが、この時間をエクササイズとして活用することで、その日の夜に質の高い睡眠を得られるようにすることができます。

定期的な有酸素運動は、睡眠の質を上げることが研究で示されています。運動と睡眠に関しては非常に多くの論文が存在しますが、これらの主張をまとめると、**おおむね30分程度、多少息が上がるような運動を半年程度続けると、その効果が表れてくる**、ということが言えます。

有酸素運動がいいからといって毎日夕方にフィットネスジムに行けるような人はいいのです

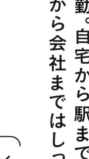

が、寝不足になっているようではそのような時間的余裕はないことでしょう。とはいえ、オフィスにいる間はずっとイスに座ったまま歩くことすらほとんどない、というのでは、夜の寝つきが悪くなって当然だと言ええます。

であるならば、**朝の通勤時間をエクササイズに転用する**ほうがよっぽど合理的ではないでしょうか。理想的には、自宅の最寄り駅よりも一つ遠い駅まで歩いて行く、あるいは会社の最寄り駅を使うのではなく、一つ手前の駅で降りて、そこからひと駅分余分に歩いて行く。通勤時間は多少長くなりますが、朝の早い時間に運動することは日中のパフォーマンスを上げることに貢献することで知られていますし、しかも夜にすっと寝付くことができて、質の高い快眠を得ることもできる。まさに一石二鳥の習慣です。

そんな余裕はないという場合でも、最寄り駅まで、あるいは会社の最寄り駅から漫然と歩くのではなく、意識して早足で歩くというだけでも睡眠の質を高める効果があると考えられます。自らのライフスタイルに合わせて、とり入れてみてください。

AM 12:00

昼食。量は控えめにして午後の眠気をセーブ。

食欲をコントロールしてオレキシンの覚醒作用を活かす

睡眠医学を研究していると、次のような質問を受けることがよくあります。

「昼食を食べたあとに眠くなるのは、満腹感のせいでしょうか？」

確かに、お腹がペコペコでは寝付きが悪くなるような気がしますし、しっかり食べたあとはつい ウトウトしてしまうもの。経験的には誰しもがわかっていることですが、科学的な裏付けはあるのでしょうか。

人間の体内時計では、午後0時〜2時ごろに眠くなるようセットされています。そこで、空腹感が午後の眠気に影響するかを調べてみたところ、研究室の実験では、**空腹感は眠気に影響しない**と考えられるような結果が支配的となりました。

では満腹感にともなう眠気はどうでしょうか。近年、**食欲に関係する物質として発見されたオレキシンが人間の覚醒に深く関係している**ことが明らかになりました。つまり、このオレキシンの作用によって昼食後の眠気を説明することが可能になったのです。

昼食を食べると食欲が減退し、食欲を司るオレキシンの働きが弱くなります。そうすると、オレキシンは覚醒の機能も司っているので、その機能が弱くなるということはつまり、眠気がくるというわけです。

このメカニズムにしたがって言えば、**昼食をたくさん食べるのは、オレキシンの働きをいっそう弱めることになり、午後の眠気をいっそう強くすることになる**のは、明らかでしょう。むしろ、少し少なめぐらいにしておき、食欲が残っている状態で食べるのをやめることで、オレキシンによる覚醒作用を引き続き享受することができるのです。

午後の眠気に悩まされているという人は、多少物足りなくてもお昼を控えめにしておくことをおすすめします。

PM 02:00

夜の快眠のためにも適量の仮眠をとる。

日中の仮眠が快眠の好サイクルを生む

昼食後、仮眠をとるほどではないけれど、なんとなく頭がすっきりせずトップスピードで仕事にとりかかれないまま、生産性が下がってしまう……ということはないでしょうか。そんなときは、思い切って仮眠をとることをおすすめします。

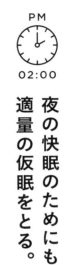

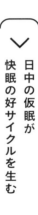

一番よくないのは、昼食後にボーッと仕事をしていたせいで、夕方になってもその日完了させるべき仕事が終わっておらず、結局夜遅くまで残業して、翌日寝不足になってしまう、という事態に陥ること。生産性が下がるばかりで、何もいいことはありません。

かと言って、コーヒーやエナジードリンクなどカフェインで無理に体を起こそうとするのは、夕方以降の体調に響く可能性が大きく、夜にうまく寝つけなくなる場合があります。体内時計から言っても、この時間帯に眠くなるのは自然の摂理です。重要な用事があれば仕方がありませんが、やはり**昼食後は仮眠をとるのが一番**です。

平日の午後に会社員が仮眠をとるという習慣は、欧米では「パワーナップ」という言葉もあるように、効率が上がると見なされています。対して、**仮眠の習慣が根付いていない日本人の生産性が世界的に見て最低レベルにある**のは、なにか関係があると考えるのが自然でしょう。

もしカフェインを飲むのであれば、仮眠直前に飲むことをおすすめします。カフェインは吸収されて脳で作用するまで15〜30分かかるので、長すぎる仮眠を防ぐことができるからです。30分以上寝てしまっては、深いノンレム睡眠に入ってしまい、自力で起きることができなくなる可能性があるからです。

仮眠は、繰り返しになりますが、できれば午後1時〜3時の間に、15分ほどとるのが理想的です。すっきり目覚めて、午後も能率的に仕事にとり組むことができれば、残業を防ぎ、快眠の好サイクルが回り始めるでしょう。

PM 03:00

軽くストレッチして筋肉の疲れをほぐす。

とにかく体を動かして血流をよくする

午後の仮眠から目覚めたあと、夕方までの時間をいかにハイパフォーマンスで乗り切るかということもまた、快眠の生活を手に入れるためには意識してとり組むべき問題です。

夕方になるにつれてパフォーマンスが落ちてくるのは、一つには単純に**体の疲労がたまってくるから**です。仕事に集中してとり組んでいると、ついつい同じ姿勢で長時間にわたって作業することになり、それが原因で**血流が滞り、筋肉に疲労物質がたまってくる**、というわけです。デスクワークでは姿勢がどんどん悪くなり、知らないうちに肩こりや腰痛がひどくなることも多々あります。外を動きまわって疲れることももちろんあると思いますが、**動かなさ過ぎて疲れる**ということも、大いにあることではないでしょうか。

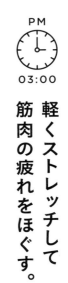

また、ずっと同じ姿勢で血流が悪くなってくると、脳への血液の循環も悪くなるわけなので、体内時計とは無関係に頭がボーッとしてくる可能性もあります。いい案が浮かばず机に向かってウンウン悩んでいると、だんだん頭が働かなくなって、いつまで経っても何も思いつかない、という経験がある人も少なくないのではないでしょうか。

これらを解消するためには、**とにかく体を定期的に動かして、血流をよくすること**です。簡単な対策としては、定期的に席を立って外に歩きに出ること、トイレに行くときやお茶を飲むタイミングなどで、軽くストレッチを行うクセをつけること、などです。これらのことを意識して取り入れるだけでも、午後のパフォーマンスは驚くほど変わってくるはずです。

なかなかそんな時間がとれない、という場合は、スポーツ科学の力を借りるという手もあります。アスリートが使っている「コンプレッション・ウェア」は、適度に体を締め付けて血流を促進し、筋肉にたまった疲労物質を速やかに循環させて、疲労を軽減する働きがあるため、おすすめです。

PM 06:00

退社。翌日の仕事を整理して、状況をすっきりさせておく。

オンとオフの区切りでストレスを減らす

集中力を維持しつつ、ハイパフォーマンスで午後の時間を乗り切ることができれば、あとは**定時に退社できるように仕事の調整をつけることと、退社する際に一工夫することが**、快眠生活のための近道となります。

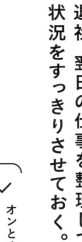

定時に帰ることの重要性は、あらためて強調するまでもないでしょう。しかし、欧米では個人主義でさっさと帰るのが普通ですが、日本の会社でそのように割り切って一足先に帰ろうとする人は珍しいのではないでしょうか。

本書でもたびたび繰り返してきましたが、**過度な残業は寝不足を生み、結果的にその人の生産性を下げる**ことにつながります。いつも遅くまで残って仕事をしていたところで、成果を上げなければ意味がありません。むしろ、短い労働時間で生産性高く成果を上げている人のほうが、会社からも評価されやすいはずです。

そうして早く仕事を切り上げるためには、ときには予定していたノルマをすべて達成しないまま、それでも帰るという決断をしなければならない場合があります。そのとき、やりかけの仕事が頭の片隅に残ったり、翌日にやらなければならないことが気になったりすると、早く家に帰ったところで気がかりなまま、うまく休むこともできません。夜、いざ寝つこうとしてもなかなか寝つけないことでしょう。

そこで、**退社するときに、自分なりに一区切りつける**ことをおすすめします。仕事モードをオフにして、完全なプライベートモードに入るわけです。区切りのつけ方は何でもいいのです。デスクまわりを片付けてスッキリさせるのもいいですし、翌日やることを大まかに整理しておくのも、仕事のことをいったん忘れることができ、ストレスを減らすことができます。

仕事とプライベートの線引きを、簡単な習慣でつけていきましょう。

PM

07:00

帰宅。夕食をさっと作り、遅くならないうちに食べる。

胃腸への負担の少ない食事が快眠を生む

うまく仕事を切り上げ、早い時間に自宅に帰ることができたならば、「一日のご褒美」である夕飯が待っています。ハイパフォーマンスを維持して頑張ることができた充実した一日の終わりには、リラックスしてビールでも飲みながら好きなものを食べたくなるのが人情ですが、ここでもいくつか、快眠のためには心がけておきたいことがあります。

まず、**寝る直前の食事は、ただでさえ時間が短くなりがちな睡眠の質までも落としてしまうため、極力避けるべき**です。早い時間に帰ったのなら問題ないと思いますが、遅くなってしまいそうな日には、会社で少し食べておいて、帰ってからはほとんど食べなくていいようにしておくのがいいでしょう。

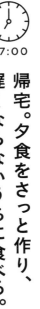

眠っている間は、体はもちろん、内蔵である胃腸も休息が欠かせません。それが、寝る前に食べてしまっては休息が足りず、翌朝の体調不良の原因になります。また、眠っている間は食べ物を消化する働きが落ちるため消化も不十分になり、眠りの質が悪くなってしまいます。

快眠のためには、次の3つの基本にしたがって夕食をとることをおすすめします。

- **脂肪や糖分の多いメニューを避ける**
- **消化のいいものをとる**
- **カフェインやアルコールなど刺激物は避ける**

ヘルシーなものを意識して食べるようにすれば、これらは自然とクリアできるものなので、そこまで難しく考える必要はありません。ただし、帰りが遅くなった日に夕食を食べる場合には、これらの基本は必須条件として食べるものを選択するべきでしょう。

PM 10:00

部屋の明かりを暗めにしながら就寝前の読書のひととき。

体内時計が狂わないように照明を調整する

夕食を食べ終えたら、あとは就寝に向けてコンディションを調整していきます。

英語で、「Dim out」という熟語があります。「照明を薄暗くする」という意味の慣用句ですが、夕食後の行動はこの一言に尽きます。**夕食後は部屋の照明など自分の身のまわりの明かりを暗くする**ことを心がけましょう。

日本では、蛍光灯で煌々と照らされた明るい部屋が多い印象を受けます。暗いと目が悪くなるというのは一理ありますが、あまりに明るいところにいると、体内時計が狂ってしまい、夜の睡眠の質が悪くなるおそれがあります。少なくとも**夜の就寝前の時間を過ごす部屋は、少し暗めの白熱色の明かりにしておいて、蛍光灯はつけないようにしておくべきです。**

また、**夜のコンビニも要注意です**。明るい＝清潔というイメージからか、店内の隅々にいたるまで強力な蛍光灯で照らし出されているため、夜にうっかり買い物で立ち寄ったりすると、その強力な光にやられて体内がすっかり覚醒してしまう危険性があります。よほどの用事がない限り、夜のコンビニは避けるようにしたいところです。

また**近年になって問題になってきているのは、スマートフォンなどのLED画面から生じている「ブルーライト」です**。ブルーライトを夜に浴びてしまうことでも、体内時計が狂い睡眠と覚醒のリズムが乱れてきます。夜のパソコンやスマートフォンの見過ぎはよくないとさかんに言われるのは、このためです。

ただ、夜にこういったLED画面をまったく見ないようにするというのもムリな話です。ブルーライトをカットするフィルムを画面に貼るなどして、次善の策をとることをおすすめします。

AM 12:00

就寝。いい眠りは環境から。整えた温度と寝具で深い眠りへ。

快適な温度と清潔な寝具が快眠に導く

さて、ようやく就寝時刻です。寝不足のときなどは特に、この時間になると眠気がピークに達して、なにはともあれベッドにそのまま倒れ込みたくなるものですが、質の高い深い眠りを得るためには、寝る前にちょっとした準備をしておくことをおすすめします。

眠りにおいては、ブルーライトなどをシャットアウトして、体のコンディションを整えると同時に、**睡眠環境を整えることも重要です。**

まず、温度の調整をしましょう。夏は冷房をつけたまま寝ると体に悪いと言われることがありますが、ここ数年は夜中でも30℃に迫ることがあるため、冷房をつけずに寝るとむしろ熱中症にかかってしまう危険性があります。**冷房は弱めでつけっぱなし**のほうがいい場合が多いでしょう。一方冬場は、夜就寝してから朝になるにつれて体温は上がっていきますので、**暖房はタイマーで切れるようにしておく**ことをおすすめします。

次に、寝具についてです。マットレスや枕は、休日など時間のあるときに自分に適したものを探しておきましょう。どういう仕様のものを心地いいと感じるかについては科学的なエビデンスは乏しく、また人によって異なってくるため、店頭でいろいろ試しながら、自分に合ったものを予算と相談して決めるのがベストだと言えます。

ただし、**シーツについては常に清潔にしておくのが理想的です。**人間の体は睡眠中でも常時汗や皮脂が分泌されており、睡眠中にコップ1杯の汗をかくと言われています。寝間着もそうですが、シーツにも汗が染み込んでいるため、最低でも週に一度は洗濯する必要があります。**あまり清潔ではないシーツで寝ることは知らず知らずのうちにストレスになっており、睡眠の質を下げる**であろうことは十分に考えられるからです。

最後に、医学的な注意を一点。寝る直前のお酒とタバコはやめましょう。アルコールは、寝つきにはいいのですが、睡眠の質を悪くします。ニコチンも同じです。これらを摂取しないと眠れないという人は、軽い依存になっている疑いがあるため、早めに医師に相談してください。

〈週末編〉休日の寝坊は平日の寝不足の元凶。2〜3時間以内でさっと起きる。

体内時計のリズムの乱れを平日に持ち越さない

地獄のような寝不足の平日が過ぎ去り、ようやく訪れた休日。土曜日の朝は特に、二度寝、三度寝をして溶けるほど寝ていたいという人の気持ち、とてもよくわかります。私も以前、休日に午後までベッドにいたことがしばしばありましたから。

しかし、**休日の過度な寝坊には「副作用」がともなう**ことを、よくよく肝に銘じておく必要があります。もうおわかりかもしれませんが、体内時計のリズムが遅いほうに狂ってしまい、**翌週以降の寝不足を生む元凶となる**からです。

たとえば、土曜日に昼過ぎまで大寝坊したとします。すると、起きてからは寝過ぎで頭がボーッとしていたのが夜になって頭が冴えてくるため、夜中まで夜更かしして寝るのは日曜の夜中、ひどい場合は明け方になることでしょう。そうすると、日曜は下手をすると夕方近くに起床することになり、夜になっても当然うまく寝つけないため、結局あまり寝られないまま、翌日の月曜日は午前7時に起床し、きつい寝不足で忙しい一週間に突入する、というわけです。

このように、次の週まで体内時計のリズムの乱れを持ち越してしまうと、よりいっそう寝不足の生活になってきてしまいます。これは決して大げさではなく、**こういった不摂生がもとで肥満や生活習慣病、あるいはうつ病になってしまう**ケースが、実際にも頻発しているのです。

とはいえ、週末も平日と同じ時間に起きましょうというのは厳し過ぎて、心も体も休まらないでしょう。休みの朝にゆっくりするような、精神的なゆとりも必要です。せめて**2、3時間の寝坊で抑えておく**のが、寝不足でもパフォーマンスを発揮できる週末の朝の行動なのです。

まとめ

- 起きる時刻はできるだけ固定する
- 朝食はなるべく窓に近い明るいところで食べる
- 継続的な有酸素運動が睡眠の質を高める
- 昼食は満腹になるまで食べ過ぎない
- 仮眠が快眠の好サイクルを生む
- 仕事中はとにかく体を動かして血流をよくする

- 退社するときにオンとオフの区切りをつける
- 胃腸への負担の少ない食事が快眠を生む
- 体内時計が狂わないように夜の照明を調整する
- 快適な温度と清潔な寝具が快眠に導く
- 休日の過度な寝坊は翌週以降の寝不足を生む

おわりに

睡眠医学を専門としている私も、学生や研修医のころは、慢性的に寝不足の生活を送っていました。日々の勉強や仕事に追い立てられ、「明日は3つも試験があるよ」「明日まで資料作らないと」など、自転車操業の生活でした。そんなときに、こんな本があればよかったと思いながら、執筆を進めてきました。

寝不足のときというのは、頭も体もだるいのは言うまでもありません。しかし、だるいだけが問題ではありません。

「こんな状態でミスでもしないだろうか」

「なにかしのぐいい方法はないだろうか」

と、あれこれ心配になって落ち着かなくなるものです。こういったイライラも、寝不足の悪影響です。「こうすればなんとかなる」など、少しでも具体的な対応策があるとわかれば、ちょっとは安心できるものです。この本はたんなるマニュアルというだけでなく、**寝不足から生じる不安に対する、安定剤としての役割もあるのではないか**と思っています。

もちろん、光（に影響を受ける体内時計）や仮眠、カフェインなどをどう工夫して使うかという、具体的な対応策が大切なのは言うまでもありません。この本は、睡眠にまつわる常識問題を、寝不足という応用問題にアレンジして作られています。明日からでも使えそうな項目があれば、そこだけでももう一度目を通してみてください。意識への残り方が違ってきます。

最後に、しつこいかもしれませんが力説しておきたいのは、最高のパフォーマンスを発揮するためには次の3つの基本を守ることが大前提となります。

「十分な睡眠をとること」
「なるべく寝不足は避けること」
「リズムのある生活習慣を身につけること」

常識といえば常識ですが、実際には守るのが難しいと思います。重要な判断を求められる場面では、十分な睡眠をとって頭をスッキリさせておくことが肝心です。私が実際に見聞した一流の人たちも、睡眠にかなり気を配っている人がほとんどです。その人たちは、寝不足での勝負どきや修羅場を何回か経験したうえで、睡眠の大切さを理解してきています。寝不足対策を過信して、居眠り運転など深刻な事故を起こしてしまっては、本末転倒です。くれぐれも、気をつけてください。

仕事の能率やタイムスケジュールの立て方がうまくなり、毎日十分な睡眠をとれば、理想的な生活スタイルです。ですから、究極の目標は、この本に書いてある寝不足対策を必要としなくなる、つまり卒業してしまうことだと思います。

日本社会が、全員が定時で帰宅する、有休を100パーセント消化する、こんな社会に急に変われるはずはありません。しかし個人個人の意識が徐々に変わり、十分な睡眠をとれるような社会になっていけば、このような寝不足対策本の必要性もなくなっていくはずです。それが、私の願いでもあります。それまでは、健康な心身を保てる範囲内で、ここぞという勝負どき、無理をしなければならないときに、参考にしていただければ幸いです。

スタンフォード大学で学んだ睡眠医学の専門家が教える
寝不足でも結果を出す全技法

発行日　2016年 4月10日　第1刷

Author　西多昌規

Illustrator　オオクボリュウ
Book Designer　グルーヴィジョンズ

Publication　株式会社ディスカヴァー・トゥエンティワン
〒102-0093　東京都千代田区平河町2-16-1 平河町森タワー11F
TEL　03-3237-8321（代表）
FAX　03-3237-8323
http://www.d21.co.jp

Publisher　干場弓子
Editor　松石悠

Marketing Group
Staff　小田孝文　中澤泰宏　吉澤道子　井筒浩　小関勝則　千葉潤子　飯田智樹
佐藤昌幸　谷口奈緒美　山中麻吏　西川なつか　古矢薫　米山健一　原大士　郭迪
松原史与志　蛯原昇　安永智洋　鍋田匠伴　榊原僚　佐竹祐哉　廣内悠理　伊東佑真
梅本翔太　奥田千晶　田中姫菜　橋本莉奈　川島理　倉田華　牧野類　渡辺基志
庄司知世　谷中卓

Assistant Staff　俵敬子　町田加奈子　丸山香織　小林里美　井澤徳子　藤井多穂子
藤井かおり　葛目美枝子　竹内恵子　清水有基栄　川井栄子　伊藤香　阿部薫　常徳すみ
イエン・サムハマ　南かれん　鈴木洋子　松下史　永井明日佳

Operation Group
Staff　松尾幸政　田中亜紀　中村郁子　福永友紀　杉田彰子　安達情未

Productive Group
Staff　藤田浩芳　千葉正幸　原典宏　林秀樹　三谷祐一　石橋和佳　大山聡子
大竹朝子　堀部直人　井上慎平　林拓馬　塔下太朗　木下智尋　鄧佩妍　李瑋玲

Proofreader　株式会社文字工房燦光
DTP　朝日メディアインターナショナル株式会社
Printing　三省堂印刷株式会社

ISBN978-4-7993-1859-1